Thomas Prünte

Du bist mein Heimathafen

Kurs halten für Paare

www.junfermann.de

blogweise.junfermann.de

www.facebook.com/junfermann

twitter.com/junfermann

www.youtube.com/user/Junfermann

www.instagram.com/junfermannverlag

THOMAS PRÜNTE

DU BIST MEIN HEIMATHAFEN

KURS HALTEN FÜR PAARE

Junfermann Verlag
Paderborn
2021

Coverfoto © PeopleImages (https://www.istockphoto.com)

Covergestaltung / Reihenentwurf JUNFERMANN Druck & Service GmbH & Co. KG, Paderborn

Satz & Layout JUNFERMANN Druck & Service GmbH & Co. KG, Paderborn

Bibliografische Information der Deutschen Nationalbibliothek

Die Deutsche Nationalbibliothek verzeichnet diese Publikation in der Deutschen Nationalbibliografie; detaillierte bibliografische Daten sind im Internet über http://dnb.d-nb.de abrufbar.

ISBN 978-3-7495-0262-2
Dieses Buch erscheint parallel als E-Book.
ISBN 978-3-7495-0263-9 (EPUB), 978-3-7495-0265-3 (PDF), 978-3-7495-0264-6 (EPUB für Kindle).

Glück entsteht oft durch Aufmerksamkeit
in kleinen Dingen,
Unglück oft durch Vernachlässigung
kleiner Dinge.

Wilhelm Busch

Inhalt

Vorwort

Du bist mein Heimathafen! – Du bist meine Burg!

So könnte der Dialog von zwei Menschen klingen, die sicher gebunden sind. Die sich vertrauen und sich grundsätzlich in ihrer Beziehung wohlfühlen. Sie sind weitestgehend zufrieden, in kurzen Momenten sogar glücklich. Doch auch sie kennen Krisen, Zeiten der Disharmonie und zermürbende Konflikte. Vor diesem Hintergrund lässt sich ein Ritual verstehen, das mir in einem Reisebericht von Stephan Orth begegnet ist. Lesen Sie es bitte mit einem Augenzwinkern.

Tränen lügen nicht

Die Frauen der Tujia, einer Volksgruppe aus Süd-China, beginnen einen Monat vor der Eheschließung damit, jeden Tag eine Stunde zu weinen. Zunächst allein, dann mit Mutter, Großmutter, Schwestern und Tanten. Sie vollziehen dieses Ritual nicht, um den Verlust des Junggesellinnen-Daseins oder ihrer Unschuld zu betrauern, sondern in der Hoffnung, ihnen möge eine glückliche Ehe bevorstehen – dann hoffentlich ohne Tränen! Angeblich gibt es sogar Workshops, in denen man das ehespezifische Weinen erlernen kann. Schließlich wird dies sogar am Hochzeitstag erwartet! Leider werden keine Angaben über vergleichbare Riten der Männer gemacht. Informationen zur Wirksamkeit der kollektiven Tränen-Orgie fehlen. Sollten Sie sich ohne dieses Ritual auf eine Beziehung eingelassen haben, betrachten Sie gelegentliches Wehklagen und tränengetränkte feuchte Augen als normal.

Eine Beziehung zu führen ist ein anspruchsvolles Projekt. Es verlangt das Engagement zweier Menschen. Wer darin ernten will, muss säen. Wer nehmen will, sollte in der Lage sein, zu geben. Gelingt die Balance von Nähe und Distanz, fühlt man sich wohl. Erfährt man Unterstützung, erlebt man sich weniger allein und gut verbunden. Gibt es einen Raum für Intimität und Zweisamkeit, bildet sich Vertrauen. All diese Schätze sind auf Dauer keine Selbstverständlichkeit, denn im Wellengang des Lebens und den Stürmen des Alltags kommt es vor, dass man den sicheren Hafen der Beziehung aus dem Auge verliert.

Ein Leuchtturm

Dann ist es gut, einen Kompass und einen Leuchtturm zu haben, die einem den Weg weisen. In diesem Buch stelle ich Ihnen Konzepte vor, die sich in der Praxis bewährt haben und die Orientierung erleichtern. Auf Fachworte habe ich zur besseren Verständlichkeit weitestgehend verzichtet oder sie erläutert.

Sie lernen Paare – mal kurz, mal ausführlich – kennen, die um mehr Zufriedenheit und emotionale Sicherheit in ihrer Beziehung ringen. An ihren Beispielen wird hoffentlich deutlich, dass alle „nur mit Wasser kochen" und äußerst menschliche Themen miteinander besprechen.

Eine Beziehung bedarf der Regulation. Die Fähigkeit, unterschiedliche emotionale Strömungen auszubalancieren, hilft dabei, die innere Balance zu halten. Eine Partnerschaft besteht im permanenten Moderieren von Irritationen, heißt es in einem Bonmot. Um dieses Moderieren, Abgleichen und Regulieren geht es in diesem Buch. Speziell um fünf Bereiche:

- Nähe und Distanz regulieren
- Störende Eigenschaften und Verhaltensweisen managen
- Beziehungsvorstellungen abgleichen
- Gefühle ordnen und konstruktiv kanalisieren
- Intimität und Sexualität ausbalancieren

Füreinander ein sicherer Hafen zu sein erfordert gegenseitiges Bemühen. Das Buch möchte Sie bei dieser lohnenden Aufgabe unterstützen und Ihnen ein Wegbegleiter sein. Sie schaffen das!

1. Nähe und Distanz ausbalancieren

Du klammerst immer so! – Und du bist immer so weit weg!

Die Abstimmung des Wunsches nach Nähe ist eine Aufgabe, die fast täglich erforderlich ist. Der Nähe-Wunsch des einen kann auf den Distanzwunsch des anderen treffen. In diesem Spannungsfeld bewegt sich jedes Paar. Das Verlangen nach Nähe bleibt beim Menschen lebenslang bestehen. Es gehört neben dem Wunsch nach Eigenständigkeit und Autonomie zu den Grundbedürfnissen. Für das Bedürfnis nach Rückzug gibt es genauso gute Gründe wie für die Suche nach Nähe.

In der Begleitung von Paaren habe ich den Eindruck gewonnen, dass das Nähe-Bedürfnis eine höhere Wertigkeit besitzt. Der Wunsch nach Distanz gilt tendenziell als bedenklich und beziehungsgefährdend. Dabei wird übersehen, wie wichtig der Zwischenraum für eine Beziehung ist. Sich loslassen zu können, um sich wieder zu begegnen, eröffnet Spielraum für tiefere Gefühle.

1.1 Ich möchte dich vermissen können!

Wir hängen zu sehr aneinander. Ich wünschte, du wärst manchmal weiter weg, damit ich dich vermissen kann! Wenn du immer da bist, wird es so selbstverständlich und gewöhnlich. Mir fehlt die Spannung. Ja, ich möchte dich vermissen können!!

Das sind die Worte von Sabine, die ihren Mann sehr anhänglich erlebt.

Das ist einerseits schön und vertraut, doch manchmal erstickt es unsere Lebendigkeit.

Durch ihre Worte wird deutlich, wie wertvoll Distanz für eine Beziehung ist. Sabine möchte ihre Sehnsucht spüren. Ihren Mann zu vermissen zeigt, wie viel er ihr bedeutet.

Anderseits kann eine Beziehung ohne ein gutes Maß an Nähe nicht leben. Menschen sind Säugetiere und Bindungswesen, sie benötigen zuverlässigen Kontakt, um sich sicher und geborgen zu fühlen. Die Erreichbarkeit einer zugewandten Person ist die Quelle unserer emotionalen Sicherheit. Dazu bedarf es einer guten Portion Nähe und Zuverlässigkeit. Sind diese gewährleistet, fällt es leichter, die stabile Basis des Heimathafens zu kurzen oder langen Ausflügen zu verlassen. Dann lässt es sich mit Phasen der Distanz besser leben.

Wie viel Nähe jemand benötigt, hängt mit frühen Bindungserfahrungen zusammen. Jemand, der keinen sicheren Halt erfahren hat, wird tendenziell klammern oder die

Nähe meiden. War man hingegen sicher gebunden und hat emotionale Geborgenheit erfahren, fällt es leichter, allein zu sein und den Partner loszulassen.

Allgemein formuliert: Für den Nähe-Typ ist Nähe ein Heimspiel. Er kann sich im Nah-Sein einrichten und wohlfühlen. Bei zunehmender Distanz wird er unruhig und fühlt sich verloren. Der Distanz-Typ kann sich gut in seine Welt zurückziehen. Er benötigt seinen eigenen Raum, um zu sich zu finden und zur Ruhe zu kommen. Dennoch ist er froh, im Partner einen Hafen zu haben, den er immer wieder ansteuern kann.

Ich möchte Sie zu einer Übung einladen. So können Sie schnell erfassen, wie es um das Verhältnis von Nähe und Distanz in Ihrer Beziehung steht.

ÜBUNG: Die Weisheit meiner Hände

Nehmen Sie sich einen Moment Zeit und vertrauen Sie der Weisheit Ihrer Hände. Eine Hand symbolisiert Sie selbst, die andere Ihren Partner. Legen Sie Ihre Hände zunächst in den Schoß. Dann schließen Sie die Augen und lehnen Sie sich innerlich zurück. Jetzt denken Sie an den aktuellen Zustand Ihrer Beziehung. Lassen Sie Ihre Hände spontan zum Ausdruck bringen, wie nah oder fern Sie und Ihr Partner sich im Moment sind. Die Hände dürfen sich vor Ihrem Körper bewegen. Möglicherweise stellt sich sofort eine stimmige Position ein. Vielleicht müssen Sie einen Moment überlegen, bis es sich richtig anfühlt. Dadurch haben Sie Ihren subjektiven Ist-Zustand vor Augen.

Welches Gefühl stellt sich ein?
Ist es das, was ich mir wünsche und brauche?

Wenn Sie damit zufrieden sind, freuen Sie sich. Sind Sie es nicht, scheint Ihnen etwas zu fehlen.

Benötige ich mehr Nähe oder mehr Abstand?
Wodurch ist das Verhältnis von Nähe und Distanz aus der Balance geraten?

Machen Sie die Übung ein zweites Mal. Nehmen Sie Kontakt mit Ihrem Wunsch und Ihrer Sehnsucht auf. Lassen Sie jetzt die Hände verdeutlichen, wie viel Nähe oder Abstand Sie gerne hätten. Probieren Sie verschiedene Varianten aus, bis es Ihren Vorstellungen entspricht.

Was genau ist jetzt anders?
Welches Gefühl stellt sich ein?
Bringen meine Hände eine Konstellation zum Ausdruck, die ich in meiner aktuellen (oder einer früheren) Beziehung bereits gemacht habe?
Sehne ich mich nach etwas, dass wir bisher noch nicht (miteinander) erlebt haben?

Diese Übung können Sie gut gemeinsam mit Ihrem Partner machen. Denken Sie daran, es sind Moment-Aufnahmen. Zu einem späteren Zeitpunkt kann es wieder anders aussehen.

Schließen Sie beide die Augen. Wenn jeder eine stimmige Handposition gefunden hat, frieren Sie diese einen Moment lang ein, damit Ihr Partner sie in wenigen Sekunden sehen kann. Zählen Sie bis drei und öffnen Sie zeitgleich die Augen. Ein spannender Moment!

Der Kontakt ist wichtig

Für die Paardynamik ist meist nicht entscheidend, *dass* es unterschiedliche Bedürfnisse gibt, sondern *wie* sie kommuniziert werden. Wird der Wunsch transparent gemacht und erläutert, fällt es leichter, damit umzugehen. Bleibt ein Paar darüber im Kontakt, hält sich die emotionale Beunruhigung in Grenzen, weil man orientiert ist. Kalte und schroffe Distanzierung wird als verletzend und Zurückweisung erlebt. Wird sie mit Wärme kommuniziert, bringt sie Wertschätzung und Vertrauen zum Ausdruck.

Das gilt auch für den Wunsch nach Nähe. Ist er gut in den Kontakt eingebettet und wird er zugewandt vorgebracht, fällt es leichter, ihn zu erfüllen. Wird er fordernd vorgetragen, ohne die Befindlichkeit des Partners zu berücksichtigen, trifft er auf Ablehnung. Doch manchmal muss man deutlich werden. Beeindruckt hat mich Helen, die ihr Bedürfnis auf unkonventionelle Weise zum Ausdruck brachte: Sie malte ein Schild für ihren vielbeschäftigten Mann. Darauf stand:

Ich-brauche-deine-Nähe!

Ich brauche dich! Gute Nähe-Rituale

Wie wichtig Signale von Nähe und Verbundenheit sind, merkt man oft erst dann, wenn diese scheinbaren Kleinigkeiten fehlen:

Du hast mir schon lange keinen Klaps mehr auf den Po gegeben.

Früher habe ich morgens, bevor ich das Haus verlasse habe, zum Abschied einen zärtlichen Kuss bekommen.

Du schaust mich gar nicht mehr an, wenn wir miteinander reden.

Du streichelst mich mechanisch (Herbert Grönemeyer in seinem Song: Was soll das?).

In der folgenden Liste finden sich Nähe-Rituale, von denen mir Paare berichtet haben. Diese haben dabei geholfen, ihre Beziehung zu pflegen und Nähe herzustellen.

- Morgendliches Kuscheln
- Sich in den Arm nehmen
- Ein Gute-Nacht- und Guten-Morgen-Kuss
- Füße oder Nacken massieren, über den Kopf streichen
- Händchenhaltend einschlafen
- Hand in Hand spazieren gehen
- Liebevoller Sex
- Knutschen
- Zusammen kochen
- Ein kleines Zwischendurch-Geschenk
- Kosenamen, die dem andern gefallen
- Smartphone weglegen, wenn man sich unterhält
- Einander zuhören, ausreden lassen und Interesse spüren
- Sich etwas vorlesen (lassen)
- Serien anschauen, ins Kino, Theater, Museum und auf Konzerte gehen
- Einem Kaminfeuer lauschen
- Zusammen lachen, sich witzige Dinge berichten
- Miteinander schweigen
- Gemeinsam ein Buch lesen und darüber sprechen

Hermine und Johann lieben es, kleine Auszeiten von der Familie zu organisieren.

Wir haben vier Kinder, die zum Glück jetzt schon selbstständiger sind. Wir versuchen, einen Abend in der Woche für uns als Paar Zeit zu organisieren. Dann übernehmen unsere Eltern die Betreuung und wir kommen mal raus. Wir lieben es, ins Kino oder Theater zu gehen, nachher ein Glas Wein zu trinken und zu diskutieren.

REFLEXION

Meine guten Nähe-Momente

1. Wann fühle ich mich meinem Partner besonders nah?

____

____

2. Was sind unsere zärtlichen Momente?

3. Wie stellen mein Partner und ich diese Momente her?

4. Bin ich damit zufrieden?

Kurs halten

Ich bringe meine Wünsche nach Nähe und Distanz freundlich und mit Augenmaß zum Ausdruck!

Nur aus der Ferne sieht man klar

Würdest du für mich bis zum Mond gehen? – Natürlich, Schatz! – Würdest du für mich auch dort bleiben?

Lassen sich Nähe und Distanz anders regulieren? Muss der andere wirklich auf den Mond gebeamt werden?

Der paradiesische Zustand guter Nähe lässt sich im Beziehungsalltag nicht festhalten. Nach einer Zeit der Nähe melden sich Distanzbedürfnisse. Und nach einer Zeit des Abstands der Wunsch, sich nah zu sein. Das ist normal. Zwischen den Polen von Nähe und Distanz das rechte Maß zu finden ist ein wiederkehrender Prozess. Dabei lohnt sich ein Blick auf den Wert des Wunsches nach Abstand und Distanz.

Nur aus der Ferne sieht man klar, sagt Dieter, dem die Nähe manchmal zu viel wird. Ich brauche dann Zeit, um wieder zu mir zu finden.

Charlotte betont einen anderen Aspekt: Wenn es intensiv zwischen uns war oder wir uns gestritten haben, brauche ich den Rückzug in mein Schneckenhaus, um alles zu sortieren.

Ich brauche mich! Gute-Distanz-Rituale

In ihren Aussagen wird deutlich, wie wichtig der Rückzug ist. Distanzbedürfnisse haben eine Regulierungsfunktion. Sie steuern das Wechselspiel von Zuwendung und Hingabe an den Partner, aber auch die Hinwendung zu sich selbst. Das ist ein wichtiger Prozess, denn in beide Richtungen kann man sich verlieren. Wendet man sich zu sehr dem Partner zu, besteht die Gefahr, sich selbst zu verlieren und das Eigene aufzugeben. Dadurch vernachlässigt man die autonome Seite und befindet sich in einer Abhängigkeit. Zieht man sich weit oder zu lange zurück, besteht die Gefahr, den Kontakt zueinander zu verlieren und zu vereinsamen. Beide Extreme schaden auf Dauer der Beziehung. Eine gute Balance zu finden ist eine wiederkehrende Aufgabe, die Bewusstheit und Achtsamkeit erfordert.

„Für sich sein" zu wollen ist ein natürlicher Wunsch. Ist ein Paar gut eingespielt und hat verstanden, dass er die Beziehung nicht gefährdet, sondern ihr guttut, wird er nicht als bedrohlich erlebt. *Wie* man ihm Ausdruck verleiht, ist entscheidend. Ein kommentarloser Abbruch des Kontaktes und ein schroffes Abwenden irritieren und verletzen. In Sekundenschnelle ist das Bindungssystem alarmiert. Der sichere Hafen der Beziehung gerät in Gefahr und man ist emotional verunsichert. Trennungs- und Verlustangst können einen überfluten und dann ist Land unter.

Darum ist es wichtig, einen Rückzugswunsch liebevoll zu äußern und den anderen dabei im Blick zu haben:

Ich brauche jetzt Zeit für mich und habe dich gern. Du musst keine Angst haben, ich bleibe bei dir. Du bedeutest mir etwas.

Gute-Distanz-Rituale können sein:

- Tagebuch schreiben
- Das innere Erleben malen oder zeichnen
- Allein spazieren gehen
- Ein Gedicht oder ein Lied schreiben
- Mit einem guten Freund sprechen
- Kopfhörer aufsetzen und Musik hören
- Hobbys pflegen
- Sport treiben

- Im eigenen Bett schlafen
- Blumen schicken
- Meditieren, Yoga praktizieren
- Ein gutes Buch lesen
- Dem Partner eine nette SMS oder Sprachnachricht schicken
- Einen liebevollen Zettel oder eine Postkarte hinterlassen
- Allein verreisen *und* im Kontakt bleiben

Beziehungsfreie Zonen

Yasmina und Finn, ein junges Paar, experimentieren bewusst mit Zeiten des Alleinseins:

Wir haben beziehungsfreie Zonen eingerichtet, in denen jeder machen kann, was er will. Ich fahre allein zum Wandern oder gehe mit Freunden klettern. Da will ich Finn nicht dabeihaben. Abends schreibe ich ihm kurz, wie der Tag war und dass ich an ihn denke. Aber keine großen Liebesbriefe, das wäre mir zu viel.

Finn steigt aufs Motorrad und kurvt rum. Er hat schon mal spontan in einer Pension übernachtet und ist erst am nächsten Tag wiedergekommen. Aber er meldet sich und sagt mir, wo er ist. Dann bin ich beruhigt. Anscheinend brauchen wir diese Momente der Fremdheit und Distanz, um dann wieder vertraut zu sein. Solange wir noch keine Kinder haben, können wir das so leben.

REFLEXION

Meine guten Distanz-Momente

1. In welchen Momenten kann ich die Distanz genießen?

____

____

2. Wie reagiert mein Partner darauf?

____

____

3. Wie stellen mein Partner und ich diese Momente her?

____

____

4. Was tut mein Partner dafür?

____

____

5. Bin ich damit zufrieden?

____

____

Kurs halten

Ich nehme mir bewusst Zeit für mich selbst
und bleibe in gutem Kontakt mit meinem Partner!

In den folgenden beiden Übungen können Sie herausfinden, wie es ist, für sich *und* miteinander verbunden zu sein. Sie erfahren nicht nur symbolisch, sondern *konkret* körperlich, wie es möglich ist, abgewandt *und* im Kontakt zugleich zu sein. Sie können erleben, wie es ist, sich anzulehnen oder in den Armen des Partners zu liegen.

ÜBUNGEN

Übung 1: Sich anlehnen – Rücken an Rücken

Setzen Sie sich bequem auf den Boden. Lehnen Sie sich Rücken an Rücken an Ihren Partner an. Ruckeln Sie sich zurecht, bis beide sich in der Haltung wohlfühlen. Schließen Sie die Augen und spüren Sie den Kontakt zueinander. Richten Sie die Aufmerksamkeit auf die Wärme und Kraft, die Ihre Rücken ausstrahlen. Nehmen Sie genau wahr, wie es ist, den Partner als Stütze im Rücken zu haben. Lassen Sie diese Erfahrung eine Weile schweigend auf sich wirken.

Wenn Ihnen danach ist, sprechen Sie aus dieser Position heraus darüber, was Sie empfinden.

Übung 2: Sich anlehnen – Rücken an Bauch

Entscheiden Sie, wer sich zuerst anlehnen darf. Ein Partner setzt sich bequem auf den Boden und öffnet die Arme, sodass der andere Partner sich mit dem Rücken bequem an seine Vorderseite anlehnen kann. Finden Sie heraus, wie diese Position für beide angenehm ist. Fragen Sie genau nach bzw. sagen Sie Ihrem Partner, wie es richtig ist. Suchen Sie nach der richtigen Lage für den Kopf. Helfen Sie einander, eine gemeinsame Wohlfühlposition zu finden.

Wenn Ihnen danach ist, sprechen Sie anschließend darüber, wie Sie es empfunden haben, in den Armen Ihres Partners zu liegen.

REFLEXION

Körperliche und emotionale Verbindung

1. Wie habe ich die körperliche Nähe über den Rücken erlebt?

____

____

2. Was genau habe ich wahrgenommen?

____

____

3. Hat mich etwas irritiert?

____

____

4. Habe ich emotionale Wärme und Nähe empfunden?

____

____

5. Wenn nicht: Woran liegt das?

____

____

1.2 Zwei Kreise als Symbol

„Das Ich wird am Du zum Menschen", so formulierte es der Philosoph Martin Buber. Doch wie muss eine Beziehung beschaffen sein, damit das Ich sich mit dem Du wohlfühlt? Damit es an ihm wächst und gedeiht?

Ich möchte diese Überlegungen aufgreifen und zu einer Visualisierung einladen. Es handelt sich um eine Variation der Hand-Übung, die Sie bereits kennen. Jetzt wird sie erweitert um das *Wir.*

Stellen Sie sich zwei Kreise vor. Diese symbolisieren Sie selbst – das *Ich* – und Ihren Partner – das *Du*. Durch den Abstand (oder Nicht-Abstand) können Sie zum Ausdruck bringen, wie Sie Ihre Beziehung im Moment erleben. Überschneidungen zeigen, wie groß oder klein das *Wir*-Erleben ist.

In einem zweiten Kreis visualisieren Sie Ihre Wunsch-Vorstellung. Wie sollten die beiden Kreise angeordnet sein, sodass Sie sich in der Beziehung zum Du wohlfühlen? Wie viel Distanz, wie viel Nähe sind für Sie angenehm? Wie groß sollte die Schnittmenge sein? Wie viel Eigenständigkeit ist wichtig? Wie viel Raum brauchen Sie? Doch bevor Sie selbst loslegen, möchte ich das Vorgehen an einem Beispiel erläutern:

Angekettet und unfrei – Peter und Daniela

Werfen wir einen Blick auf die Bestandsaufnahme von Daniela und Peter. Die beiden kennen sich seit acht Jahren und leben seit sieben Jahren zusammen. Kinder wollen sie nicht. Daniela empfindet die Beziehung einerseits als vertraut, andererseits als einengend und ohne Spannung. Für Peter kann alles so bleiben, ihm fehlt nichts. Das verdeutlicht er in seiner Zeichnung (Abbildung 1.1):

Peter

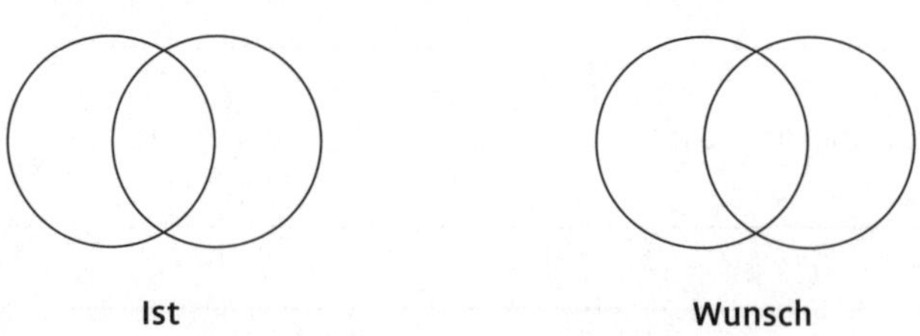

Abbildung 1.1: *Wir haben viele Gemeinsamkeiten und Schnittmengen. Gleichzeitig gibt es genug Raum für jeden. Ich kann auch für mich sein. Alles ist gut so, wie es ist.*

Daniela

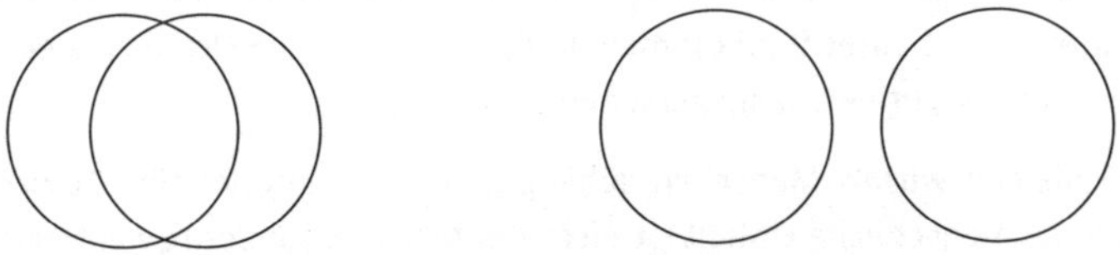

Abbildung 1.2: *Ich fühle mich total eingeengt. Wir sind aneinandergekettet. Ich kann kaum atmen. Es gibt keine Spannung. Alles ist vertraut und immer gleich. Da ist kein Begehren mehr. Ich fühle mich nicht mehr gefordert, so kann ich nicht wachsen. Mir kommt es so vor, als wären wir stehen geblieben und hätten uns mit dem Stillstand arrangiert. Wir müssen dringend auseinander, mehr Distanz haben. Ich wünsche mir weniger Wir und mehr Du und Ich!*

Ist Ihnen aufgefallen, dass der Ist-Zustand grafisch fast genau gleich dargestellt ist und dennoch Unterschiedliches zum Ausdruck bringt?! Für Peter stellt die Überschneidung eine Wohlfühl-Zone dar, für Daniela (Abbildung 1.2) ähnelt sie einem Gefängnis! Die Diskrepanz zeigt sich deutlich in der Zielvorstellung. Doch was genau meint Daniela, wenn Sie sich mehr Distanz wünscht?

Ich brauche mehr räumlichen Abstand und würde gern in eine eigene Wohnung ziehen. Wenn wir so dicht aufeinanderhocken, verliere ich mich selbst. Natürlich kann mir das auch in den eigenen vier Wänden passieren, aber wenn es so kommt, möchte ich das aushalten. Dann werde ich mehr mit mir selber konfrontiert. Ich habe davor Angst, doch ich glaube, es muss sein.

Peter ahnt zwar, dass zwischen ihnen etwas nicht stimmt, aber er verspürt keinen Leidensdruck. Da ihm an der Beziehung liegt, kann er sich darauf einlassen, zumindest für eine bestimmte Zeit wieder getrennt zu wohnen. Eine große Herausforderung, denn beide muten sich zu, ihre autonome Seite zu stärken.

Abhängigkeit – Autonomie – Abhängigkeit

Als zu früh geborene Säugetiere sind wir am Beginn des Lebens vollkommen abhängig von der Zuwendung und Versorgung durch eine primäre Bezugsperson, in der Regel der Mutter. Wären das Kind und die Mutter in dieser Zeit zwei Kreise, so wären sie fast deckungsgleich und miteinander verschmolzen. Das ist der Zustand der Symbiose.

Im besten Fall lösen wir uns schrittweise aus dieser engen Verbindung und gewinnen Unabhängigkeit. Die Mutter, der Vater und die Familie sind der emotionale Hafen, der allmählich durch Freunde und Partner ergänzt und abgelöst wird. Wir sind unabhängiger geworden und haben an Autonomie gewonnen. Die Kreise entfernen sich voneinander.

Ist die Entwicklung gut verlaufen, haben wir ein ausreichendes Maß an innerer Stabilität aufgebaut, um alleine zurechtzukommen. Wir lernen, ohne die Eltern zu leben, auch wenn Sie ein Leben lang wichtige Bezugspersonen sein können.

Gleichwohl bleiben wir als Menschen abhängig von der emotionalen Zuwendung anderer. Die kleinste menschliche Einheit ist nicht der Mensch, sondern zwei Menschen, hat es Bertold Brecht formuliert („Kleines Organon für das Theater", 1954). Das Wechselspiel von Autonomie und Abhängigkeit begleitet uns bis ans Lebensende. Der Pol der Abhängigkeit wird möglicherweise am Ende sogar wieder größer, wenn die Kräfte nachlassen und wir die Unterstützung anderer wieder benötigen.

Der Prozess von der Abhängigkeit zur Autonomie ist störanfällig. Ich möchte die zwei wichtigsten Irritationen kurz beschreiben: Ist man unsicher, ob man bekommt, was man braucht, wird man tendenziell zu anhänglich oder zu bedürftig. Der erlebte Mangel schürt die Angst, nicht genug zu bekommen und in der Welt nicht zurechtzukommen. Der Betreffende neigt dazu, Nähe zu suchen und Distanzierung zu meiden.

Ist man in frühen Jahren vornehmlich für die Bedürfnisbefriedigung der Bezugspersonen zuständig, entwickelt sich eine Schein-Autonomie. Man wird zu früh erwachsen und gibt sich bedürfnislos. Auch in diesem Fall ist der innere Boden zerbrechlich, weil man im Grunde ständig überfordert ist. Nähe wird tendenziell als bedrohlich erlebt, der Schmerz der Entbehrung sitzt tief. Distanziert zu sein, scheint mehr Sicherheit zu bieten.

Ich – Du – Wir

Nähe und Distanz hängen eng mit der Suche nach Autonomie und Abhängigkeit – oder deren Vermeidung – zusammen. Zur Verdeutlichung habe ich zwei Kreise in mehreren Variationen dargestellt (vgl. Abbildungen 1.3–1.8). Im Verhältnis der beiden Kreise zueinander wird symbolisch die Achse von Symbiose / Abhängigkeit und Eigenständigkeit / Autonomie abgebildet.

In Abbildung 1.3 sieht man ein kaum symbiotisches Paar, das großen Wert auf Eigenständigkeit legt und Distanz benötigt. Im letzten Diagramm (Abbildung 1.8) findet sich ein Zustand von großer Verschmelzung mit viel Gemeinsamkeit und ausgeprägter Nähe.

Nähe und Distanz

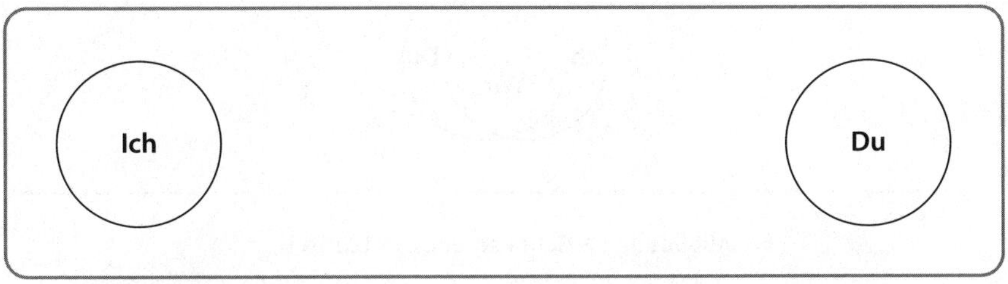

Abbildung 1.3: Viel Abstand, abgegrenzt und viel Zwischen-Raum

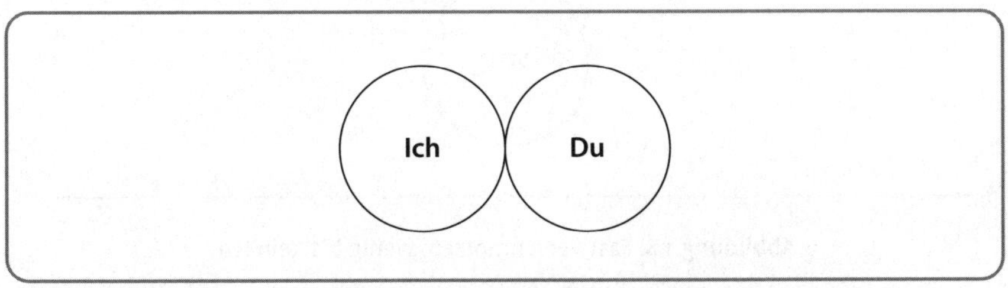

Abbildung 1.4: Nah, in Berührung, abgegrenzt und kein Zwischen-Raum

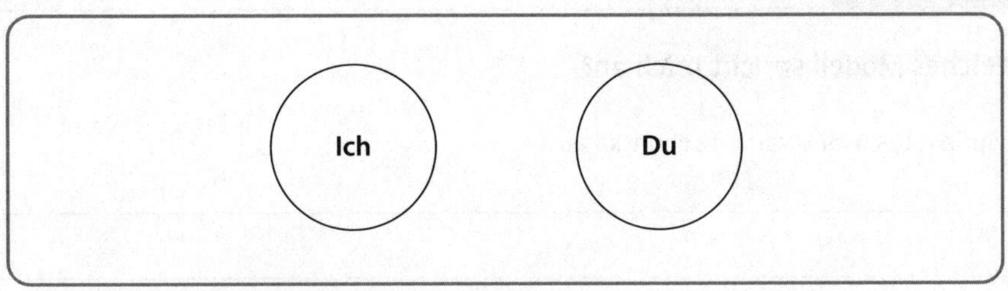

Abbildung 1.5: Etwas Abstand, nah, abgegrenzt, etwas Raum

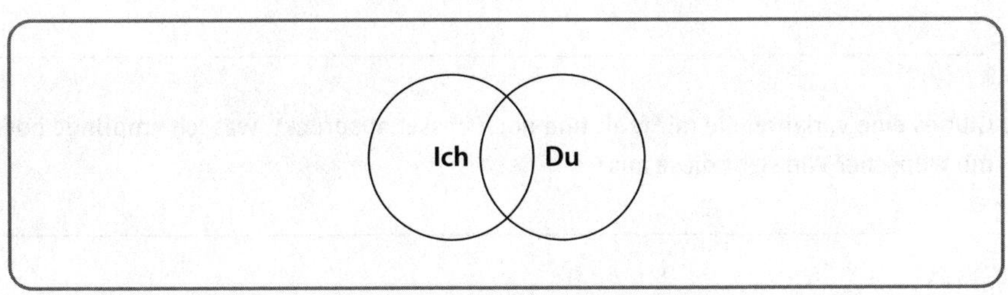

Abbildung 1.6: Nah und symbiotisch

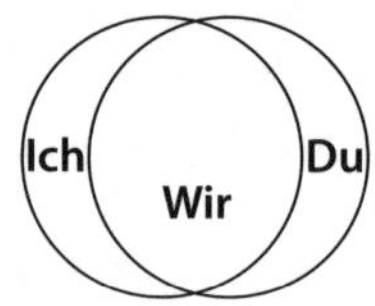

Abbildung 1.7: Sehr nah und symbiotisch

Abbildung 1.8: Fast verschmolzen, wenig bis kein Ich

REFLEXION

Welches Modell spricht mich an?

1. Spricht mich eine Variante spontan an?

____

____

2. Gibt es eine, bei der sich mir die Nackenhaare aufstellen?

____

____

3. Gibt es eine Variante, die mir fehlt und noch besser ausdrückt, was ich empfinde oder mir wünsche? Wie sieht diese aus?

____

____

Jetzt möchte ich Sie dazu einladen, Ihre eigene Bestandsaufnahme zu machen. Nutzen Sie den freien Raum und zeichnen Sie mit jeweils zwei Kreisen Ihren Ist- und Wunsch-Zustand. Wenn Sie Kinder haben, zeichnen Sie diese in Kreisform mit ein. Wo stehen die Kinder?

1. So erlebe ich unsere Beziehung

____

____

____

____

2. So wünsche ich mir unsere Beziehung

____

____

____

____

Zum Nachdenken

Bedenken Sie, dass sich Ihre Vorlieben im Laufe des Lebens oder Ihrer Beziehung durchaus ändern. Die folgenden Fragen regen zum Nachdenken an:

- Sind Sie tendenziell ein Nähe- oder ein Distanz-Mensch?
- Wie erleben Sie diesbezüglich Ihren Partner?
- Haben Sie in Ihrer aktuellen Beziehung ausreichend Raum für sich selbst oder erleben Sie sich eingeengt?
- Ist Ihre Beziehung (noch) spannend und lebendig oder ist Langeweile und (zu viel) Routine eingekehrt?
- Gibt es ausreichend Verbundenheit und Wir-Gefühl oder zu wenig?
- Welche Rolle spielen die Kinder?

Entdecken Sie einen bedeutsamen Unterschied zwischen Ihrer Wunschvorstellung und der Realität? Falls ja, gibt es Gesprächsbedarf! Fassen Sie sich ein Herz und sprechen Sie darüber.

1.3 Wo stehen unsere Kinder?

Natürlich spielen Ihre Kinder in die Balance von Nähe und Distanz hinein. Je nachdem, wie alt sie sind, beanspruchen sie mehr oder weniger Aufmerksamkeit und Nähe.

Johanna und Matthias haben drei Kinder. Sie weisen in ihren Bildern darauf hin, wie brisant die aktuelle Situation für ihre Beziehung ist. Sie sind beide beruflich sehr gestresst und möchten einander nicht als Blitzableiter für den Druck vom Arbeitsplatz benutzen. Sie suchen nach einem guten Weg, mehr Zeit für ein gutes Miteinander zu finden. Matthias wünscht sich mehr Nähe und würde gern eine neue Balance finden. Er beschreibt die Situation (vgl. auch Abbildung 1.9):

Matthias

Abbildung 1.9

Es gibt viele Außeneinflüsse durch unsere unterschiedlichen Arbeitsplätze. Sie strömen alle auf unser Haus ein und überfordern mich oft. Ich verliere leicht den Überblick und die Kontrolle. Wir haben beide genervte Gesichter, weil wir oft an unsere Grenzen stoßen.

Als Paar sind wir nur über die Kinder verbunden. Wir haben zwar Halt, das ist positiv. Doch ich komme etwas zu kurz, mir fehlt die gemeinsame Zeit mit Johanna. Ich vermute, dass es auch den Kindern guttun würde, wenn sie uns zumindest zeitweise als Liebespaar erleben könnten. Und nicht nur als Eltern, die einigermaßen funktionieren. Ich stelle mir das so vor (Abbildung 1.10):

Abbildung 1.10

Das ist mein Wunsch. Wir fassen uns an den Händen und stehen als Paar nebeneinander. Wir haben mehr Kontakt zueinander und lächeln wieder mehr, weil wir uns freuen, einander nah sein zu können. Die Kinder sind mal an der einen, mal an der anderen Seite. Sie stehen nicht notgedrungen zwischen uns. Dann wären wir zufriedener.

Johanna

Johanna stimmt dem ohne zu zögern zu. Sie hat ein anderes Bild gezeichnet und zwei Kreise genutzt, um Ihre Sicht auf den Ist- und den Wunsch-Zustand der Beziehung zu verdeutlichen (vgl. Abbildung 1.11).

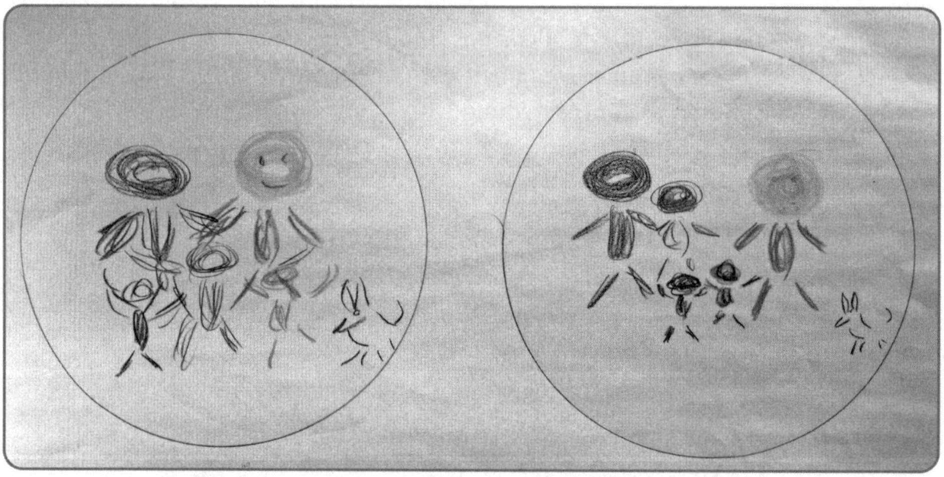

Abbildung 1.11

Auf dem rechten Bild habe ich gezeichnet, wie ich die Situation aktuell erlebe. Ich stehe rechts, Matthias links. Unsere Tochter ist näher bei ihm. Das schmerzt mich, weil ich außen vor bin. Ich hätte gern mehr Kontakt zu ihr. Andererseits kann ich anerkennen, dass sie wohl ein Papa-Kind ist. Der Hund läuft bei mir mit.

Matthias und ich haben zu wenig Kontakt, sind oft kein gutes Team. Ich hätte ihn gern an meiner Seite.

In meinem Wunsch-Bild auf der linken Seite umarmen wir uns und legen die Arme um unsere Schultern. Ich wünsche es mir dynamischer, so als würden wir im Kreis miteinander tanzen und Freude haben. Da wäre mehr Nähe möglich.

Johanna und Matthias haben verstanden, dass sie mehr Zeit für sich als Paar benötigen. Obwohl ihr Familien- und Berufsleben extrem anstrengend ist, schaffen sie es an einem Wochenende, die Kinder „wegzuorganisieren".

JOHANNA: *Ich hatte zwar ein schlechtes Gewissen, aber es hat uns beiden gutgetan.*
MATTHIAS: *Wir haben wie früher nebeneinander auf einer Wiese gelegen und gelesen.*

Sabine: *Nicht nur gelesen, wir haben uns lebhaft über die Lektüre unterhalten! Ich habe den Austausch mit dir vermisst. Mal endlich nicht nur über die Kinder und Organisatorisches zu reden.*

Matthias: *Ja, solche Diskussionen haben wir am Beginn unserer Beziehung oft geführt. Dann kamen die Kinder und die Zeit wurde knapper. Aber wir haben den Faden jetzt wieder aufgenommen, darüber freue ich mich.*

REFLEXION

Wo stehen unsere Kinder?

1. Stehen die Kinder zu oft zwischen uns?

2. Haben wir ausreichend Zeit für uns als Paar?

3. Wie können wir für die Kinder da sein und für uns?

Kurs halten

Wir sorgen für uns als Paar
und reservieren Zeiten für die Zweisamkeit!

1.4 Nähe und Distanz in der Ursprungsfamilie

Werfen wir einen Blick in die Geschichte eines Paares. Wenden wir uns Merlind und Simon zu. Die beiden sind seit 13 Jahren ein Paar und haben keine Kinder. Ihr Temperament ist sehr unterschiedlich. Merlind sprudelt los, wenn sie erzählt. Wortgewandt schildert sie ihre Erfahrungen und Ansichten. Sie hat einen kreativen Beruf gewählt, der zu ihr passt. Über sich und ihr Innenleben zu sprechen fällt ihr jedoch überraschend schwer.

Simon hingegen zeigt sich verhalten, spricht langsam und bedächtig. Er wirkt verkopft und introvertiert, man spürt sein Unbehagen, wenn es zu lebendig wird. Ihm ist Kontrolle wichtig, zu viel Gefühl ist ihm nicht geheuer. Sein Beruf als IT-Berater kommt seinem Naturell entgegen.

Beide kommen aus gefühlsfernen Familien, man sprach nicht über das, was einen bewegte. In dieser Hinsicht sind ihre Erfahrungen ähnlich. Nun ist ein anderer Mann in Merlinds Leben getreten, für den sie Gefühle entwickelt, die sie bislang nicht kannte. Sie hat einerseits Angst, sich von Simon zu trennen, andererseits erscheint es ihr unausweichlich. Bevor Merlind skizziert, wie sie die Beziehung erlebt, werfen Sie einen Blick in Ihre eigene Ursprungsfamilie:

REFLEXION

Ursprungsfamilie

1. Wie viel emotionale Nähe habe ich in meiner Ursprungsfamilie erlebt?

____

____

2. Von wem habe ich sie bekommen und wie wurde sie ausgedrückt?

____

____

3. Wie war das Verhältnis von Nähe und Distanz?

____

____

4. Was weiß ich über die Erfahrungen meines Partners in dessen Ursprungsfamilie?

____

____

Wir leben in einem Kreis und jeder ist ein Kreis für sich – Merlind und Simon

MERLIND: *Wir leben in einem Kreis und jeder ist ein Kreis für sich* (vgl. Abbildung 1.12). *Wir haben nebeneinanderher gelebt, ohne uns nah zu kommen.*

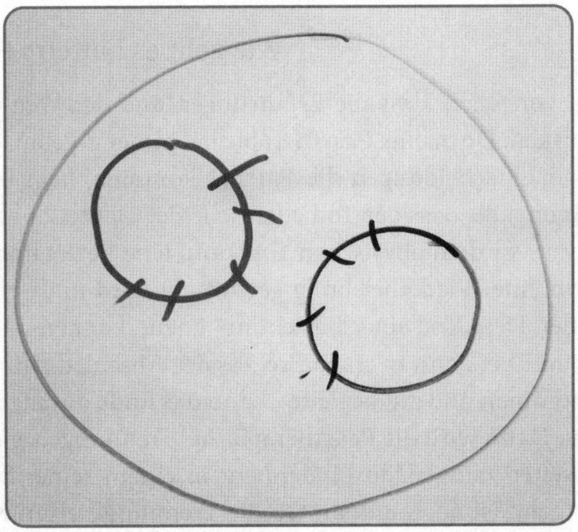

Abbildung 1.12

Die kleinen Striche sollen zum Ausdruck bringen, dass wir nie in Kontakt miteinander gekommen sind. Wir haben uns nicht durchlässig füreinander gemacht.

SIMON: *Ich bin erschrocken über deine Zeichnung. Aber sie stimmt. Ich muss gar kein eigenes Bild malen.*

Für Merlind und Simon ist dieser Befund erschreckend. Sie stellen sich der emotionalen Wahrheit ihrer Beziehung, das ist für beide schmerzhaft. Beide sind innerlich hin und her gerissen und ringen eine Zeit lang um eine Verbesserung ihres Miteinanders, doch es gelingt nicht. Sie müssen unter Tränen anerkennen, dass sie gescheitert sind. Simon versteht ansatzweise, warum er sich so wenig öffnen konnte:

In meiner Familie war ich Zeuge, wie meine Eltern sich mit Vorwürfen malträtiert haben, das will ich nicht. Davor habe ich panische Angst.

Merlind ist verbittert und enttäuscht von sich selbst: *Du bist ein Distanz-Mensch und hast nicht nur andere Menschen, sondern auch mich auf Distanz gehalten – und ich habe mich nur einmal vor zwölf Jahren beschwert, es dann wieder sein gelassen.*

Da Merlind keine Affäre beginnen möchte und kann, verzichtet sie eine Zeit lang auf den Kontakt zu dem neuen Mann. Doch letzten Endes trennt sie sich von Simon. Sie will das Risiko eingehen, noch einmal neu anzufangen und sich auf eine neue Beziehung einzulassen. Für Simon bricht eine Welt zusammen. Er beginnt eine Einzeltherapie und versucht, sich über diesen Weg zu stabilisieren und Halt zu finden.

Wie geht es hinterm Horizont weiter?

Ich kann mir gut vorstellen, dass die Erfahrungen und der Weg von Merlind und Simon tragisch wirken. Doch eine Paartherapie ist immer ergebnisoffen. Zu welchen Erkenntnissen und Entscheidungen die Partner kommen, liegt in der Verantwortung jedes Einzelnen. „Bis dass der Tod euch scheidet", lautet das bekannte Eheversprechen. Doch weit vor dem physischen Tod kann eine Beziehung an Lebendigkeit verlieren. Ob dann eine Wiederbelebung gewünscht wird und gelingt, liegt in den Händen der Partner. Den „Tod einer Beziehung" anzuerkennen und nach einem guten Ende zu suchen führt dann in einen Prozess des Abschiednehmens. Wird dieser von beiden angenommen und gut begleitet, kann das Ende durchaus der Beginn von etwas Neuem sein. Dann wird die Paartherapie zur Trennungsbegleitung. „Hinterm Horizont geht's weiter", singt Udo Lindenberg in einem seiner Songs. Wie es für dieses Paar weitergeht, ist noch unklar. Ob die Trennung sich in einigen Jahren als richtig erweist und beide letztlich zufrieden sind, wird sich zeigen.

Wir wollen zusammen alt werden – Catarina und Karsten

Ich möchte Ihnen ein weiteres Paar vorstellen, Catarina und Karsten. Bei ihnen stellt sich die Situation anders dar. Sie möchten ihre Beziehung nicht aufgeben, sondern wiederbeleben. Sie kennen sich seit 35 Jahren und sind seit 30 Jahren verheiratet. Ihre Kinder werden bald das elterliche Nest verlassen. In ihrer Beziehung hat es zuvor eine lang anhaltende Krise gegeben, die fast zur Trennung geführt hätte. Anlass war die enorme Arbeitsbelastung von Karsten, die dazu führte, dass nur noch die Arbeit zählte und die Beziehung zu den Kindern und zu Catarina weit in den Hintergrund rückte.

Catarina: *Ich kam gar nicht mehr vor, es gab einen riesigen Abstand zwischen uns,* fasst sie diese Zeit frustriert zusammen.

Karsten bedauert diese Phase zutiefst: *Manchmal hätte ich mir zwar mehr Anerkennung für meine Leistung gewünscht, schließlich habe ich das für die Familie getan. Aber im Grunde habe ich Catarina sträflich vernachlässigt. Sie ist zu kurz gekommen und ich im Grunde auch. Das tut mir wirklich leid.*

In der bisherigen Paartherapie haben sie den Groll und die Kränkungen aus dieser Zeit weitestgehend aufgearbeitet. Sie haben gelernt, Interesse füreinander aufzubringen und einander zuzuhören, ohne zu eskalieren oder unter Rechtfertigungsdruck zu geraten. Hin und wieder taucht noch die Angst vor einem Rückfall in alte Zeiten auf. Sie sind in manchen Augenblicken noch unsicher, ob der neue Boden schon trägt. Doch sie haben einen guten Prozess durchlaufen. Die Kultur ihrer Kommunikation ist konstruktiver und achtsamer geworden. Jetzt ist ein Raum entstanden, indem sie entspannter über sich als Paar nachdenken können. Zeit für eine Bestandsaufnahme und einen Blick nach vorn.

Karsten

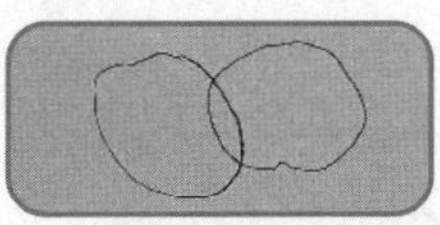

Abbildung 1.13: Ist-Zustand

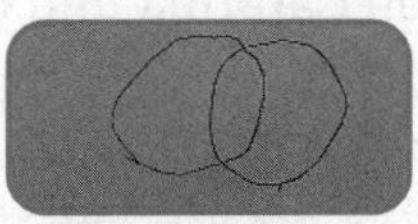

Abbildung 1.14: Wunsch-Zustand

Es gibt zwei sich leicht überschneidende Kreise (vgl. Abbildung 1.13). Eine Schnittmenge ist vorhanden. Sie ist aber noch klein. Wir verreisen viel zu selten zusammen. Wir unterstützen uns im Haushalt, das ist gut. Bislang haben wir uns viel mit den Kindern beschäftigt. Das fällt ja bald weitestgehend weg.

In meiner Vision für die Zukunft überschneiden sich die beiden Kreise etwas mehr (vgl. Abbildung 1.14). *Das wird ja geschehen, wenn die Kinder ganz aus dem Haus sind.*

Ich träume davon, mehr Luxus und Bequemlichkeit zu haben. Ich möchte in schönen Hotels und Betten schlafen, mit meiner Frau mehr unternehmen, wie zuletzt in Paris. Aber auch Bereiche für mich alleine haben. Ich musste an meine Eltern denken, die gar keine Hobbys hatten. Sie waren eng beieinander, das hatte was Attraktives. Sie wirkten durchaus innig und vertraut miteinander.

Catarina

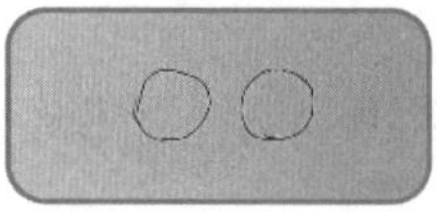

Abbildung 1.15: Ist-Zustand

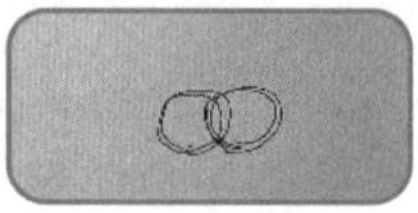

Abbildung 1.16: Wunsch-Zustand

Ich habe zwei Kreise gemalt, die jetzt deutlich näher zusammen sind als noch vor einem Jahr (vgl. Abbildung 1.15). *Vorher waren wir sehr weit voneinander weg, es gab kaum Nähe. Jetzt sind mehr Vertrauen und Nähe möglich. Wir achten wieder mehr aufeinander.*

In meiner Zukunftsvision überlappen sich die Kreise (vgl. Abbildung 1.16). *Fast genauso wie in der Vision meines Mannes. Ich meine damit nicht so sehr, unbedingt etwas miteinander machen zu müssen, sondern mehr eine innere Verbundenheit. Mir fällt auf, dass die Kreise fast aussehen wie zwei Eheringe.*

Mir kommt es so vor, als hätten die beiden ihr Eheversprechen erneuert. Catarina und Karsten haben ähnliche Vorstellungen für die Zukunft, auch wenn das Gespräch über die genaue Gestaltung noch vor ihnen liegt. Doch die Bereitschaft dazu ist da.

Zukunftsvision Catarina und Karsten

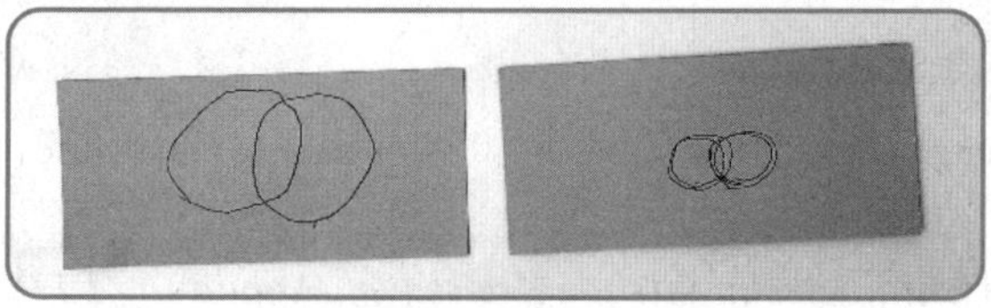

Abbildung 1.17

Das Fazit der beiden: *Wir wollen zusammen bleiben und uns so gut wie möglich im Alter unterstützen* (vgl. Abbildung 1.17).

Kurs halten

Ich stehe zu mir

und bringe meine Wünsche für die Zukunft in unsere Beziehung ein!

2. | Was Partner wirklich brauchen

2.1 In guten wie in schlechten Zeiten

Paare hadern auf jeweils eigene Weise damit, in der Beziehung nicht das zu bekommen, was sie sich erhoffen – und für ihr Wohlbefinden brauchen! Für die Zufriedenheit mit einer Beziehung spielen die primären Bedürfnisse eine zentrale Rolle. Man könnte einwenden, dass die Bettdecke in einer Beziehung immer an einer Seite zu kurz ist. Vermutlich wird keine Beziehung alle Bedürfnisse abdecken. Das ist sicher richtig, doch zumindest die wesentlichen Grundbedürfnisse sollten zufriedenstellend erfüllt werden. Aber welche Bedürfnisse sind wichtig? Um diesen auf die Spur zu kommen, lade ich Sie zu zwei kleinen Gedankenspielen ein.

Stellen Sie sich vor, es gäbe ein Schlaraffenland, in dem alle Ihre Sehnsüchte, die Sie an eine Beziehung und Ihren Partner haben, erfüllt werden. Geben Sie sich der paradiesischen Vorstellung einer idealen Partnerschaft – wie in einem Tagtraum – eine Weile hin. Seien Sie neugierig, welche Bilder, Wünsche und Fantasien in Ihnen auftauchen. Schreiben Sie diese dann auf:

Im Paradies bekomme und erlebe ich ...

____

Jetzt stellen Sie sich eine schwierige Lebens- oder Notsituation vor. Dabei kann es sich um eine Erkrankung, eine existenzielle Krise, Sorgen oder einen Verlust handeln. Kurzum: Stellen Sie sich schlechte Zeiten vor. Welche Wünsche und Bedürfnisse kommen dann in Ihnen auf?

Wenn es mir schlecht geht, brauche ich ...

____

Primäre Bedürfnisse

Was habe ich? Was brauche ich? Was fehlt mir?

____

„In guten wie in schlechten Zeiten“, heißt es in einem Eheversprechen. Möglicherweise haben Sie festgestellt, dass in den guten, paradiesischen Zeiten andere Bedürfnisse wichtig sind als in schlechten Zeiten. Das ist verständlich! Nutzen Sie die beiden Gedankenspiele, um Ihre Sicht auf die Beziehung zu überprüfen:

REFLEXION

1. Womit bin ich zufrieden? Welche Bedürfnisse sind gut oder ausreichend abgedeckt?

   ____

   ____

2. Was fehlt mir? Welche Bedürfnisse sind nicht gut versorgt oder erfüllt?

   ____

   ____

3. Wie wichtig sind mir diese Bedürfnisse?

   ____

   ____

Diese Überlegungen führen zu der Frage, welche Bedürfnisse ein gutes Fundament für eine tragfähige Beziehung darstellen. Was sind die Basis-Bedürfnisse, die mindestens erfüllt sein müssen, um sich wohl- und geborgen fühlen zu können? Ich habe viele Paare befragt und herausgekommen sind folgende Antworten:

- *Ich möchte spüren, dass ich meinem Partner etwas bedeute.*
- *Ich möchte respektiert und ernst genommen werden.*
- *Ich brauche Sicherheit und Zuverlässigkeit.*
- *Ich möchte mich verbunden fühlen, ein Wir-Gefühl haben.*
- *Ich möchte Unterstützung und Ermutigung erleben, mich anlehnen können.*
- *Ich brauche Vertrauen und Wertschätzung.*
- *Ich möchte gehört werden.*
- *Nähe und Intimität sind mir wichtig.*
- *Ich möchte mich wahrgenommen und gesehen fühlen.*
- *Ich möchte mich geliebt fühlen.*

Ich finde es bemerkenswert, dass die in den Medien hochgejubelte Bedeutung der Liebe im gelebten Alltag nicht unbedingt die Hauptrolle spielt.

Sind die oben angeführten Aspekte in einer Beziehung ausreichend vorhanden, kommen alle anderen Sehnsüchte und Bedürfnisse zur Geltung:

- *Ich brauche Spannung und Abwechslung.*
- *Sexualität und Erotik sind mir wichtig. Es muss knistern.*
- *Gemeinsame Interessen und Ansichten halte ich für wichtig.*
- *Man muss sich auch mal loslassen und etwas nur für sich allein machen.*
- *Gegensätze ziehen sich an! Die Unterschiede machen Probleme, sind aber spannend.*

Sekundäre Reaktionen

Wenn ich nicht bekomme, was ich brauche

Wie erwähnt, ist die emotionale Bettdecke einer Beziehung häufig zu kurz. Entweder war sie von Beginn an zu klein oder sie ist im Laufe der Jahre eingelaufen. Doch was geschieht, wenn sich die nicht abgedeckten Bedürfnisse melden? Wie machen sie sich bemerkbar?

Leider verhalten sie sich nicht immer so wie gute Gäste, die freundlich mit einem Blumenstrauß pünktlich zur vereinbarten Zeit vor der Tür stehen. Mitunter kommen sie zur Unzeit. Sie murren und knurren oder maskieren sich. Dann äußern sie sich in einer Form, die der Partner nicht versteht. Nicht selten weiß der Betreffende selbst nicht sofort, warum er so gereizt, missmutig oder niedergeschlagen reagiert.

All diese heftigen oder diffusen Ausdrucksweisen stellen Reaktionen auf frustrierte Bedürfnisse dar. Man nennt sie sekundäre Reaktionen, weil sie eine Antwort auf unerfüllte, vernachlässigte, wesentliche und primäre Bedürfnisse darstellen. Diese sekundären Reaktionen bereiten dann große Probleme. In der Folge sieht man auf der Beziehungsbühne heftig streitende Paare, die in ihren jeweiligen Reaktionsmustern gefangen sind. Ich hoffe, Sie sind neugierig geworden und haben Lust bekommen, einen Blick in Ihr eigenes Beziehungsleben zu werfen. Ich möchte Sie einladen, sich wie Sherlock Holmes auf Spurensuche zu begeben. Werden Sie Detektiv in eigener Sache.

Stellen Sie sich eine typische Situation in Ihrer Beziehung vor, die Sie emotional in Wallung bringt. Begeben Sie sich auf die Suche nach dem Verhalten, der Bemerkung oder der Geste, die Sie emotional triggert. Schreiben Sie diese dann auf. Lassen Sie diese konkret vor Ihrem geistigen Auge ablaufen. Versuchen Sie so genau wie möglich den Anlass für Ihre Betroffenheit zu erkennen. Sie können den folgenden Satzanfang nutzen, um nach den Auslösern zu suchen:

REFLEXION

Was mich ärgert, verletzt, ängstigt, traurig macht oder beschämt, ist:

____

____

____

Werfen Sie jetzt einen Blick auf Ihre Reaktion. Beschreiben Sie so genau wie möglich, was Sie tun oder lassen, wenn Sie emotional unangenehm berührt sind. Dabei kann es helfen, sich selbst mit den Augen einer Fliege, die an der Wand sitzt, zu betrachten. Oder sich vorzustellen, ein Marsmännchen würde Sie mit dem Teleskop aus großer Entfernung betrachten. Welches Muster würde es – oder sie, wenn es ein Marsweibchen ist – erkennen? Möglicherweise macht es sich auch Notizen und schreibt in sein Beobachtungsbuch: Immer dann, wenn Frau X / Herr Y emotional betroffen ist, neigt sie / er dazu …

Gestatten Sie sich diesen kleinen Perspektivwechsel und nehmen Sie etwas Abstand zu sich. Formulieren Sie dann mit eigenen Worten:

REFLEXION

Immer dann, wenn …

In solchen Situationen neige ich dazu / reagiere ich immer …

____

____

____

Spurensuche – welche Bedürfnisse wurden nicht befriedigt?

Sie haben in den letzten beiden Abschnitten einen Blick auf Ihr Reiz-Reaktions-Muster geworfen. Sie verfügen dadurch über eine gute Grundlage, um nach Ihren darunter verborgenen Bedürfnissen zu schauen. Am Anfang des Kapitels sind Ihnen die wichtigsten bereits begegnet. Nehmen Sie eine Lupe in die Hand und werfen Sie einen mikroskopisch genauen Blick in Ihr Inneres. Die folgenden Satzanfänge können Ihnen die Spurensuche erleichtern. Auf welche wichtigen Bedürfnisse stoßen Sie?

REFLEXION

Spurensuche

1. Eigentlich reagiere ich so (wütend, verletzt, traurig usw.), weil ich mich nach ... sehne?

___

___

2. Eigentlich reagiere ich so, weil mir ... fehlt?

___

___

Fassen wir zusammen: Wenn die elementaren Bedürfnisse der primären Ebene nicht ausreichend erfüllt werden, kann dies zu anhaltendem Streit und fruchtlosen Diskussionen führen. Insbesondere dann, wenn es nicht gelingt, sich verständlich zu machen und zum Partner durchzudringen. Im Extremfall können keine Brücken mehr gebaut werden und jeder befindet sich isoliert auf einer einsamen Insel.

Dann tauchen unangenehme und bedrohliche Gefühle auf. Solche, die auch allein auf dem Meer oder bei stürmischer See vorkommen, wenn der sichere Hafen nicht mehr in Sicht ist. Man fürchtet, emotional unterzugehen, fallen gelassen zu werden oder niemanden mehr zu haben, der für einen da ist, wenn man ihn braucht. Unmerklich breitet sich Panik aus, weil die Verbindung unterbrochen ist. Betrachten wir die geschilderten Ebenen in einem Schaubild (Abbildung 2.1):

Auf der Beziehungsbühne der Symptome

Streit – Angriff und Verteidigung – Rückzug

Sekundäre Gefühle als Reaktion auf die Versagung primärer Bedürfnisse

Ärger – Wut – Angst – Panik – Verzweiflung – Schmerz – Einsamkeit – Hass – Ohnmacht – Trauer

= Verunsicherung, unverbunden und getrennt fühlen, allein gelassen

---

Wesentliche primäre Bedürfnisse

Sicherheit – Schutz – Halt – Nähe – Geborgenheit – Wärme – Vertrauen – Verbundenheit – Kontakt – Austausch – Respekt – Wertschätzung bekommen – Gesehen werden – Gehört werden – Resonanz erfahren – Interesse spüren – Intimität

= Ein sicherer Hafen

Abbildung 2.1

2.2 Gut gekleidete Wünsche

Frustrierte Bedürfnisse werden oft in Vorwürfe gekleidet. Dieses Phänomen scheint früher oder später in jeder Beziehung aufzutauchen. Paartherapeuten können ein Lied davon singen. Beliebt sind Du-Botschaften in Verbindung mit den Wörtchen „immer“ und „nie“!

Du bist immer so egoistisch! Du bist immer so abweisend! Du bist immer so geizig! Du bist immer so sensibel! Immer musst du meckern! Du klammerst immer!

Nie hast du Zeit für mich! Nie hörst du mir zu! Nie räumst du den Frühstückstisch auf! Du beteiligst dich nie am Gespräch! Nie interessierst du dich für mich!

Es sind die Verallgemeinerungen, die den andern auf die Palme bringen. Warum? Weil er sich nicht gesehen fühlt und ihm mindestens eine Situation einfällt, in der es nicht so war. Dann kommt es zu den typischen Ja-aber-Gesprächen:

Ja, aber im Urlaub war es anders! – Ja, aber du bist auch nicht besser! – Ja, aber dafür habe ich mich um die Finanzen gekümmert! – Ja, aber ich hatte eben viel Stress! – Ja, aber wenn es um mich geht, hörst du auch nicht zu!

Vermutlich kennen Sie derartige Gesprächsverläufe und wissen, wie anstrengend und wenig ergiebig eine solche „Killer-Kommunikation“ ist. Werden dabei die Augen verdreht, wird es schlimmer. Sie ahnen mittlerweile schon, woran es liegt?! Vorwürfe sind ein Produkt der sekundären Reaktionen und müssen daher sorgsam entkleidet werden.

ÜBUNG: Das gute Schweigen – Worte fasten

1. Erstellen Sie getrennt voneinander eine Liste mit allen Reiz-Worten, die Sie auf die Palme bringen und die zu einer Eskalation führen.
2. Wählen Sie, jeder für sich, die drei relevantesten Worte und Formulierungen aus.
3. Fragen Sie Ihren Partner, ob er bereit sei, auf diese Formulierungen zu verzichten?
4. Stimmt er zu, beschränken Sie sich zunächst auf einen kurzen Zeitraum.
5. Das Wort-Fasten sollte zu Beginn nicht länger als einen Tag dauern.
6. Besprechen Sie am nächsten Tag, welche Erfahrungen Sie damit gemacht haben.
7. Legen Sie ein neues Zeitfenster fest und nehmen Sie weitere Worte hinzu.

Kurs halten

Wir regulieren uns, indem wir auf Reiz-Worte verzichten!

Unvorteilhaft gekleidete Wünsche

Vorwürfe sind im Grunde verhüllte Wünsche! Diese sind allerdings unvorteilhaft gekleidet und rufen daher beim Gegenüber Abwehr hervor. Die Form, die ein frustriertes Bedürfnis angenommen hat, lässt den Inhalt des Wunsches kaum erkennen. Versuchen wir uns als Übersetzer der sekundären Reaktionen in primäre Bedürfnisse. Ich improvisiere frei, ohne Gewähr:

Du bist immer so egoistisch! – Ich wünsche mir, dass du auch meine Belange berücksichtigst. Ich möchte spüren, dass dir etwas an mir liegt.

Du bist immer so abweisend! – Ich wünsche mir mehr Respekt, mehr Nähe und mehr Sicherheit, dass ich dir etwas bedeute.

Du bist immer so geizig! – Ich wünsche mir mehr Großzügigkeit und mehr Raum für Lebensfreude. Ich brauche mehr Unabhängigkeit.

Du bist immer so sensibel! – Ich wünsche mir, dass du nicht immer alles auf die Goldwaage legst und mehr Ruhe und Frieden in unsere Beziehung einkehrt.

Immer musst du meckern! – Ich wünsche mir, mit meinen positiven Seiten und guten Absichten gesehen und gewürdigt zu werden.

Du klammerst immer! – Ich brauche mehr Abstand und Luft zum Atmen und möchte mit meinen Bedürfnissen gesehen werden.

Es gibt sicher noch mehr Bedürfnisse und Wünsche, die man hinter den Vorwürfen ahnen kann. Fühlen Sie sich frei, Ihre eigenen Vermutungen anzustellen. Diese kleine Übung soll dabei helfen, ein Gespür für den Unterschied von Vorwürfen und Wünschen zu bekommen. Erfahrungsgemäß erfüllt man Wünsche eher als Forderungen. Da frustrierte Wünsche oft zu Vorwürfen und Forderungen führen, die in der Folge dann zur Über-Forderung mit den eskalierenden Streitigkeiten führen, werfen wir im nächsten Kapitel einen Blick auf die Möglichkeiten, sie zu regulieren.

Einen Wunsch erfüllt man lieber als eine Forderung

Wäre es nicht schön, wenn man den Partner wie einst Barbara Eden in der Fernsehserie „Bezaubernde Jeannie“ mit einem Augenzwinkern in den Menschen verwandeln könnte, den man sich wünscht? Leider können Sie nicht zaubern, aber, wie gesagt, die Erfahrung lehrt, dass man einen Wunsch lieber erfüllt als eine Forderung. Die folgende Übung möchte Sie ermuntern, sich im Wünschen zu üben.

Achten Sie darauf, Ihre Wünsche eindeutig zu formulieren und keine Negationen zu verwenden wie: *Sei nicht mehr so …!* Ihr Partner möchte genau wissen, was Sie von ihm wollen. Stellen Sie sich eine Situation beim Bäcker vor. Sie betreten seinen Laden und sagen: „Ich hätte heute gern kein Dinkelbrötchen, keine Brezel und kein Sahneschnittchen – und einen Hefezopf möchte ich auch nicht!“ Vermutlich bedient dieser bald genervt einen anderen Kunden.

ÜBUNG: Wünsch mir was

1. Eine Eigenschaft:

Ich wünsche mir von dir, dass du ...

(Beispiele: liebevoller, zärtlicher, zugewandter bist)

2. Eine Verhaltensweise:

Du kannst mir das zeigen, indem du ...

(Beispiele: mich streichelst, mir zuhörst, mir Komplimente machst)

Gleiches Recht für beide – Jessica und Martin

Jessica und Martin kennen sich seit 30 Jahren. Sie haben zwei erwachsene Kinder und sind beide in ihren Jobs zufrieden und erfolgreich. Doch zwischen ihnen entstehen wiederkehrende Spannungen, die um das gleiche Thema kreisen:

MARTIN: *Meine Frau hört nicht auf, mich zu kritisieren und mir zu sagen, wie ich etwas richtig machen soll. Sie muss immer das letzte Wort haben. Sie kann damit nicht aufhören. Ich fühle mich davon anhaltend belästigt.*

JESSICA: *Ja, das stimmt, aber du übertreibst ein bisschen.*

Martin: Nein, tue ich nicht!

THERAPEUT: *Welche Gefühle löst das Verhalten Ihrer Frau denn in Ihnen aus?*

MARTIN: *Ich fühle mich bevormundet und wie ein Kleinkind behandelt. Als wäre ich ein Volltrottel, der von nichts eine Ahnung hat.*

THERAPEUT: *Also sehr unangenehme Gefühle! Wie reagieren Sie darauf?*

MARTIN: *Meist ziehe ich mich zurück und halte die Klappe. Denn wenn ich was sage, eskaliert es umso mehr.*

JESSICA: *Oder es bricht Tage später aus dir heraus! Und ich falle aus allen Wolken und wundere mich, was jetzt schon wieder los ist.*

THERAPEUT: *Wie erleben Sie denn die Situation? Wie geht es Ihnen damit?*

JESSICA: *Ich fühle mich eingeschränkt und habe den Eindruck, ich soll mundtot gemacht werden. Ich muss ja in der Beziehung auch vorkommen und dafür sorgen, dass ich mich wohlfühle.*

THERAPEUT: *Das ist sicher extrem unangenehm und nicht hinnehmbar. Wie gehen Sie damit um?*

JESSICA: *Ich drehe in manchen Situationen noch mehr auf, weil mich das so ärgert! Ich habe den Eindruck, gar nicht mehr ernst genommen zu werden.*

MARTIN: *Ich fühle mich dann schon verfolgt. Sie läuft dann hinter mir her, wenn ich mich abwende. Ich werde nicht in Ruhe gelassen.*

THERAPEUT: *Sie kommen dann wahrscheinlich erst recht nicht in den Genuss Ihrer Ruhe, die Sie so dringend brauchen, sondern müssen sich noch mehr wehren.*

MARTIN: *Ja, so ist es. Wir verhaken uns da immer wieder und sind letztlich beide genervt.*

JESSICA: *Ja, es stimmt, ich meckere zu viel. Aber es sind eben Dinge, die mich stören. Die muss ich ja ansprechen dürfen.*

MARTIN: *Aber nicht andauernd und nicht immer in diesem Oberlehrer-Tonfall!*

THERAPEUT: *Wenn ich es richtig verstehe, möchten Sie, Jessica, Dinge ansprechen dürfen, die Ihnen nicht gefallen. Und Sie, Martin, stören die Art und die Häufigkeit des Meckerns. Habe ich das richtig verstanden?*

MARTIN: *Ja, ich könnte auch ganz darauf verzichten!*

JESSICA: *Das wird aber nicht gehen. Schließlich kritisierst du ja auch, dass ich dich kritisiere. Möchtest du auf dein Recht, mich zu kritisieren, denn verzichten?*

Blenden wir an dieser Stelle kurz aus. Beide formulieren ihre Wünsche und schildern die Verhaltensweisen, mit denen sie hoffen, zur Ruhe zu kommen. Es wird deutlich, dass das Verhalten des einen das Verhalten des anderen bedingt. Ein typischer Teufelskreis:

Vorsicht – Teufelskreis!

Ich verhalte mich so, weil du dich so verhältst! – Und ich verhalte mich so, weil du dich so verhältst!

Jeder ist der Ansicht, der andere habe angefangen, und erklärt das eigene Verhalten als Reaktion auf den anderen.

Die Frage, wer das Huhn und wer das Ei ist, führt jedoch nur noch weiter in die Eskalation hinein.

Die Schuldzuschreibung ergibt keinen Sinn!

Wie geht es mit Martin und Jessica weiter? In der nächsten Sitzung berichten sie, zwischen ihnen sei Entspannung eingetreten. Martin erzählt, seine Frau sei sensibler geworden. Sie komme auf ihn zu und entschuldige sich wegen des Meckerns. Jessica erlebt Martin zugewandter.

MARTIN: *Ich freue mich darüber, dass sie ernst genommen hat, wie sehr mich ihr Meckern stört. Ich fühle mich wahrgenommen. Ich wurde gehört. Dann kann ich entspannter sein.*

JESSICA: *Ja, wir hatten eine andere Atmosphäre und haben friedlicher miteinander geredet. Es war freundlicher, zärtlicher und zugewandter zwischen uns. Martin hat nichts mehr runtergeschluckt und ist dann Tage später explodiert wie früher, sondern hat mir zeitnah und sachlich gesagt, was ihn stört. Damit kann ich besser umgehen.*

Gefahr erkannt, Gefahr (noch nicht) gebannt

Erste positive Veränderungen sind erfreulich, häufig aber fragil. Es schützt vor Enttäuschungen, wenn man sich klarmacht, dass unter Stress die alten Muster gerne wieder auftauchen. So ist es auch bei Jessica und Martin.

Meine Toleranzgrenze sinkt

JESSICA: *Wenn ich von der Arbeit gestresst bin, sinkt meine Toleranzschwelle gegenüber den Dingen, die mich bei meinem Mann stören, extrem ab. Ich werde reizbarer und pflaume ihn an – dann reagiert er ungehalten und wir eskalieren. Dann sind wir wieder im Teufelskreis der Entmutigung und des Frustes.*

MARTIN: *Je mehr sie mich kritisiert, umso mehr blocke ich ab. Je mehr ich abblocke, umso mehr kritisiert mich meine Frau. Den Ablauf habe ich jetzt verstanden.*

JESSICA: *Eigentlich wünsche ich mir von ihm, dass er meine Reizbarkeit nicht so persönlich nimmt und sieht, dass ich einen schweren Tag hatte. Mich einfach in den Arm nimmt.*

MARTIN: *Da ist Jessica anders als ich. Bei Stress ziehe ich mich zurück und lege mich hin. Ich will dann nur meine Ruhe haben. Wenn sie mich dann dafür kritisiert, reagiere ich schnell über, weil mir mein Raum nicht gelassen wird!*

Jessica und Martin befinden sich in einem guten Prozess. Sie verstehen jetzt besser, wie ihre Dynamik funktioniert. Es ist für beide wichtig, darauf zu achten, den negativen Verlauf rechtzeitig zu unterbrechen. Gleichzeitig können sie ihre unterschiedlichen Bedürfnisse benennen. Martin braucht zur Regulierung seines Stresses Distanz. Jessica hingegen wünscht sich in solchen Augenblicken mehr Nähe.

Diese Unterschiedlichkeit wird sich vermutlich niemals ganz auflösen lassen. Sie werden in konkreten Situationen jeweils neu ausloten müssen, ob es möglich ist, für den anderen so da zu sein, wie er es sich wünscht.

3. Vier Ebenen der Beruhigung und Regulation

3.1 Ruhe in die Beziehung bringen

Und wie geht's euch? – Gut! Wir sehen uns selten und wenn, dann gehen wir uns aus dem Weg!

Ich möchte Ihnen in diesem Kapitel ein Modell vorstellen, das sich in vielen Paartherapien bewährt hat. Es zeigt auf, wie Sie sich gemeinsam, allein und mit anderen regulieren können, um emotional ausgeglichen zu sein. Nutzen Sie die Schaubilder, Beispiele und Übungen, um zu überprüfen, auf welchen Ebenen es bei Ihnen hapert. Somit haben Sie einen Ausgangspunkt, an dem Sie ansetzen können, um ihre Beziehung zu verbessern. Sie erhalten Anregungen, wie sich die verschiedenen Regulationsmöglichkeiten bei Bedarf ausbauen lassen. Denn je mehr Optionen Sie zur Verfügung haben, desto besser gelingt es, die Beziehung auszubalancieren. Die Gefahr, den Partner und sich selbst übermäßig zu belasten, sinkt – zum Wohle beider! Am Ende des Kapitels weise ich auf problematische Regulierungsstrategien hin.

Eine verbreitete Art, Probleme zu regulieren, ist die Distanzierung. Sich aus dem Weg zu gehen ist *eine* Möglichkeit, unbequeme Auseinandersetzungen zu vermeiden. Solange keine besseren Alternativen gefunden werden, ist es eine durchaus bewährte Strategie, die es zu würdigen gilt. Immerhin wird kein weiteres Porzellan zerschlagen und die Beziehung zumindest auf den ersten Blick nicht weiter beschädigt. Andererseits ist zu bedenken, dass man dadurch den Kontakt zueinander verliert, nach dem man sich im Grunde sehnt. Hält die Distanz zu lange an, ist die Gefahr groß, zu vereinsamen und *emotional zu verhungern,* wie es ein Paar treffend beschrieben hat. Dann verliert eine Beziehung ihren Sinn, der innere Halt geht verloren.

Zur Einstimmung in dieses Thema nehmen Sie sich bitte einen Moment Zeit, um über sich selbst nachzudenken.

REFLEXION

Ruhe in die Beziehung bringen

1. Welche Wege habe ich gefunden, um trotz einer bestehenden Spannung emotional ausgeglichen zu bleiben?

2. Wie lange kann ich diese Strategie aufrechterhalten?

3. Bin ich damit zufrieden? Hat sie sich bewährt?

4. Welche Vor- und Nachteile hat dieser Weg?

Haben sich Ihre Strategien bewährt? Dann sollten Sie diese auf jeden Fall in Ihrem Repertoire behalten. Hat sich herausgestellt, dass sie nicht weiterhelfen oder die Situation sogar verschlimmern, haben Sie einen guten Grund, über Alternativen nachzudenken.

Der sichere Hafen wird bedroht, wenn die emotionalen Wellen hochschlagen

Bedenken Sie auf Ihrer Suche einen weiteren Gesichtspunkt: Neben der Distanzierung ist das Gegenteil, der Streit, ein häufiger Regulierungsversuch. Ein im Dauerstreit befindliches Paar nannte es den *Nahkampf*. Gegen eine produktive Auseinandersetzung mit einem fairen Umgang ist nichts einzuwenden. Meinungsverschiedenheiten, die eskalieren und verletzen, sind allerdings bedenklich. Bleiben sie ohne befriedigenden Ausgang und gehen mit Kränkungen einher, bedeuten sie großen emotionalen Stress. Der sichere Hafen einer Beziehung wird bedroht, wenn die Wellen unkontrolliert hochschlagen. Spätestens ab Windstärke 4 fühlt man sich nicht mehr sicher. Die Gefühlswelt kommt in Wallung, das Nervensystem schlägt Alarm und beunruhigende Gedanken bereiten schlaflose Nächte.

Die äußere Spannung geht mit einer inneren Spannung einher. Dann heißt es „Ich bin auf 180!“, „Ich kann gar nicht mehr abschalten“ oder bei Loriot: „Morgen bringe ich sie um!“ Intuitiv suchen Paare nach Wegen, sich zu regulieren, um wieder zur Ruhe zu kommen.

Bevor ich Sie mit den vier wichtigsten Ebenen der Regulation vertraut mache, möchte ich einen zentralen Begriff erläutern, der Ihnen immer wieder begegnen wird: Selbstregulation.

Was bedeutet Selbstregulation?

Sich selbst regulieren zu können ist für eine Beziehung enorm wichtig. Darunter ist zum einen die Fähigkeit zu verstehen, die Aufmerksamkeit auf das eigene Befinden zu lenken. Der Fokus der Wahrnehmung richtet sich auf mein inneres Erleben. Es geht darum, genau zu erfassen, was ich empfinde, fühle und denke – und dann bewusst mit den eigenen Impulsen umzugehen.

Gelingt es, Gefühle zu besänftigen und im Griff zu haben, können wir unser Verhalten besser steuern und konstruktiver miteinander reden. Dazu benötigen wir ein gutes Maß an Selbstkontrolle, um nicht Opfer unserer überschießenden Emotionalität und destruktiven Handlungsimpulse zu werden – ein wiederkehrendes Thema in vielen Beziehungen.

Sich selbst regulieren zu können beinhaltet außerdem die Fähigkeit, sich im positiven Sinne zurücknehmen zu können. In spannungsgeladenen Situationen kann es angebracht sein, sowohl die eigenen Impulse als auch die eigenen Belange und Bedürfnisse zumindest für eine gewisse Zeit hintenanzustellen.

Im Grunde genommen geht es darum, dass wir Dame oder Herr im Haus unserer Gefühle bleiben. Dazu bedarf es der Fähigkeit, innezuhalten und für eine Weile die innere Spannung auszuhalten. Denn häufig versuchen wir, uns mithilfe des Partners zu beruhigen. Diese Regulation auf der horizontalen Ebene hat Vor- und Nachteile.

3.2 Die horizontale Ebene

Schatz, ich habe schon wieder kalte Hände! – Dann halt du mal mein Bier!

Die kleinste gesellschaftliche Einheit ist nicht der Mensch, sondern zwei Menschen. So definierte es Bertold Brecht („Kleines Organon für das Theater“, 1954). Als zu früh geborene Säugetiere sind wir von Anfang an auf die Zuwendung der Eltern oder anderer Bezugspersonen angewiesen. Durch deren Art, uns zu versorgen, zu spiegeln und Resonanz zu geben, lernen wir, Bedürfnisse und Gefühle wahrzunehmen und zu regulieren. Wir üben, diese zu benennen, einzuordnen und mit ihnen umzugehen. Je sicherer die Bindung ist, desto leichter fällt es, die eigenen Befindlichkeiten auszuhalten und zu gestalten.

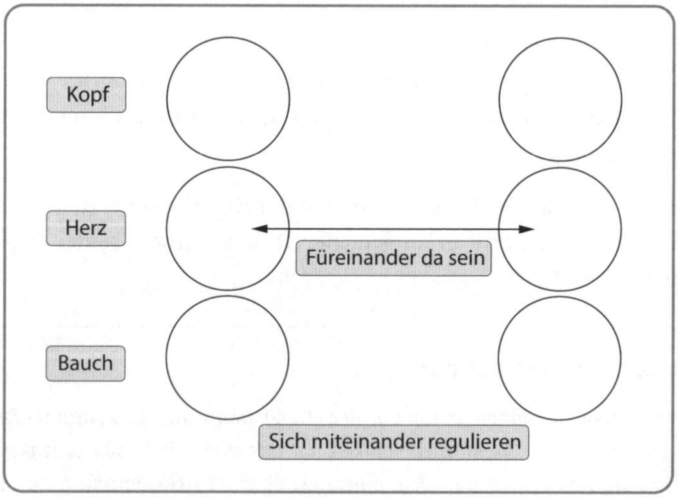

Abbildung 3.1: Horizontale Ebene

Auf der horizontalen Ebene (vgl. Abbildung 3.1) werden innere Befindlichkeiten, Erregungs- und Spannungszustände interaktiv mit dem Partner reguliert. Man versucht, über den anderen Ausgeglichenheit und innere Ruhe zu finden. Dies ist ein zutiefst menschliches Bestreben und normal. Ist man traurig, sucht man nach einer tröstenden Umarmung. Ist man gekränkt, hungert man nach einem versöhnlichen Wort. Hat man ein schlechtes Gewissen, bittet man um Entschuldigung. Ist man verunsichert und ängstlich, wünscht man sich Ermutigung, Schutz und Halt. Fühlt man sich allein und unverstanden, sehnt man sich nach einem Zeichen der Verbundenheit und einem Signal, dass man verstanden wird. Dann entsteht das gute Gefühl, in der Beziehung einen sicheren Hafen zu haben. Die Beziehung wird zu einer schützenden Burg gegen die Widrigkeiten des Alltags.

Fremdberuhigung hat Vor- und Nachteile

Andererseits besteht die Gefahr, den Partner über Gebühr für den Ausgleich des eigenen Gefühlshaushaltes zu beanspruchen. Das ist der Fall, wenn man eine große Unsicherheit in sich trägt und sehr ängstlich ist. Das Gegenüber wird dann zur Beruhigung, Ermutigung und Orientierung immer wieder aufgesucht. Da es schwerfällt, sich selbst zu beruhigen, gut zuzusprechen und *inneren* Halt zu finden, wird die Fremdberuhigung gesucht. Diese Dynamik führt nach einer Weile fast zwangsläufig zum Unmut beim Partner. Er fühlt sich überlastet, benutzt und überfordert. Intuitiv spürt er das Defizit des anderen, möchte jedoch auf Dauer nicht dafür verantwortlich sein, es auszugleichen.

REFLEXION

Beruhigung über den Partner suchen

In welchen Momenten suche ich die Nähe meines Partners, um mich zu beruhigen?

____

____

Wie mache ich das?

____

____

Kann mein Partner diese Art von Kontaktsuche annehmen? Versteht er mich?

____

____

Geht es mir danach besser?

____

____

Welche Vor- und Nachteile hat dieser Weg?

____

____

Sicher ist Ihnen aufgefallen, dass die Bereitschaft und das Befinden Ihres Partners eine wichtige Rolle spielen. Ich kenne es aus Berichten von Paaren – und von mir selbst –, dass man nicht immer und sofort in der Verfassung ist, sich dem Partner hundertprozentig zuwenden zu können und zu wollen.

Kurs halten

Ich gehe achtsam
mit meinem Wunsch nach Trost
und Zuwendung um – und berücksichtige
das Befinden meines Partners!

Probleme in der Beziehungsdynamik entstehen darüber hinaus, wenn jemand mit der Wucht der eigenen Emotionen überfordert ist. Der Partner wird dann als Blitzableiter oder Seelentröster benötigt. Dieser bekommt die Gereiztheit, den Frust und die Enttäuschungswut ab, die anders nicht reguliert werden kann. Oder er kommt an seine Grenzen, weil er nicht helfen kann oder selbst in einer anderen Verfassung ist. Jemand, der zu überbordenden Wutanfällen neigt, möchte dann lernen, nicht mehr unnötig Porzellan zu zerschlagen. Dann gibt es Menschen, die eine Vielzahl an Emotionen zugleich in sich tragen:

Es ist wie eine „Kakofonie“ unterschiedlicher Gefühle, die ich erst einmal sortieren muss, beschreibt eine junge Frau ihre Erfahrungen. Gefühle steuern und modulieren zu können ist eine wichtige Fähigkeit. Wer sie nur unzureichend beherrscht, gefährdet den Erhalt einer Beziehung und kommt nicht in den Genuss von Ruhe, Vertrauen und Geborgenheit.

Ich möchte Ihnen eine Übung vorstellen, mit der Sie sich als Paar gegenseitig nah sein und zur Ruhe kommen können. Am besten ist es, wenn Sie vorher klären, ob beide dazu bereit sind. Diese Übung verdeutlicht, wie wichtig es in einer Beziehung ist, autonom *und* auf den Partner bezogen zu sein. Sie fördert auf symbolische *und* konkrete Weise die liebevolle Zuwendung und das Wir-Gefühl. Sie gibt beiden den Raum, sich selbst *und* den Partner wahrzunehmen.

ÜBUNG zur horizontalen Beruhigung

Gut verwurzelt und nah

Stellen Sie sich bitte so hin, dass Sie einander bequem gegenüberstehen und sich später umarmen können. Wichtig ist, dass Sie auf eigenen Beinen stehen und einen sicheren Stand haben. Die Fußsohlen sollten den Boden vollständig berühren. Stellen Sie sich vor, wie ein Baum gut verwurzelt in der Erde zu sein.

Wenn Sie beide den Eindruck haben, für sich selbst stehen zu können, umarmen Sie einander so, dass sich beide wohlfühlen. Schließen Sie die Augen und spüren Sie zunächst sich selbst und Ihren sicheren Stand. Nehmen Sie den eigenen Atemrhythmus wahr.

Nach einer Weile lenken Sie die Aufmerksamkeit auf Ihren Partner. Spüren Sie den Kontakt zu seinem Körper, seinem Atem und seiner Wärme. Forcieren und manipulieren Sie nichts. Nehmen Sie aufkommende Gedanken freundlich zur Kenntnis und lassen Sie diese dann einfach weiterziehen. Halten Sie nicht daran fest. Nehmen Sie sich Zeit. Lassen Sie sich atmen und spüren Sie die gegenseitige Präsenz.

Wenn Sie spüren, dass Sie zur Ruhe gekommen sind und ausreichend aufgetankt haben, richten Sie Ihre Aufmerksamkeit wieder auf Ihre Füße und den Kontakt zum Boden. Vergegenwärtigen Sie sich den Raum, der Sie umgibt. Öffnen Sie allmählich Ihre Augen und schauen Sie sich an. Wenn es etwas zu sagen gibt, teilen Sie es sich mit.

Wie lange Sie in dieser Übung verweilen, kann man vorher nicht wissen. Je nach Tagesbefinden kann schon eine halbe Minute beruhigend wirken und Sie zufriedenstellen.

Die kleine Begegnungsinsel

Im Alltag tritt diese einfache Art, sich nah zu sein, durch eine Vielzahl an Faktoren in den Hintergrund: Kinder sind zu versorgen, es gibt Zeitdruck und eine Menge Aufgaben, die zu erledigen sind. Viele Paare freuen sich darüber, durch dieses Ritual zumindest für einen Moment den Kontakt zueinander herstellen zu können. Rainer und Sabine sind beide berufstätig und haben zwei Kinder. Sie haben diese Übung leicht verändert:

Wir stellen uns Rücken an Rücken. Es tut gut, wenn wir uns auf diese Weise gegenseitig stärken. Wir lehnen uns aneinander an und spüren, wie viel Halt das gibt. Manchmal fassen wir uns an den Händen. Es gibt Tage, an denen massieren wir uns, indem wir uns wie ein Schwein am Rücken des andern reiben. Das kann lustvoll sein. Die Kinder haben sich am Anfang gewundert, jetzt probieren sie es auch.

Vermutlich wird es nicht immer gelingen, sich auf diese Weise nah zu sein und miteinander zur Ruhe zu kommen. Dennoch lohnt es sich, diese kleine *Begegnungsinsel*, wie Sabine und Rainer es nennen, immer wieder aufzusuchen.

Vor diesem Hintergrund zeigt sich, wie wichtig die vertikale Ebene für eine Beziehung ist.

3.3 Die vertikale Ebene

Menschen mit sicheren Bindungserfahrungen haben durch die wohlwollende Resonanz im Laufe der Zeit gelernt, sich selbst zu regulieren. Sie haben die positiven Beziehungserfahrungen in sich aufgenommen und können mit ihren inneren Spannungen allein sein. Sie halten ihre Gefühle, Ängste und Sehnsüchte relativ gut aus. Wenn der Partner nicht in der Nähe ist, geraten sie nicht in Panik, weil sie gelernt haben, ihre Gefühle selbst zu regulieren.

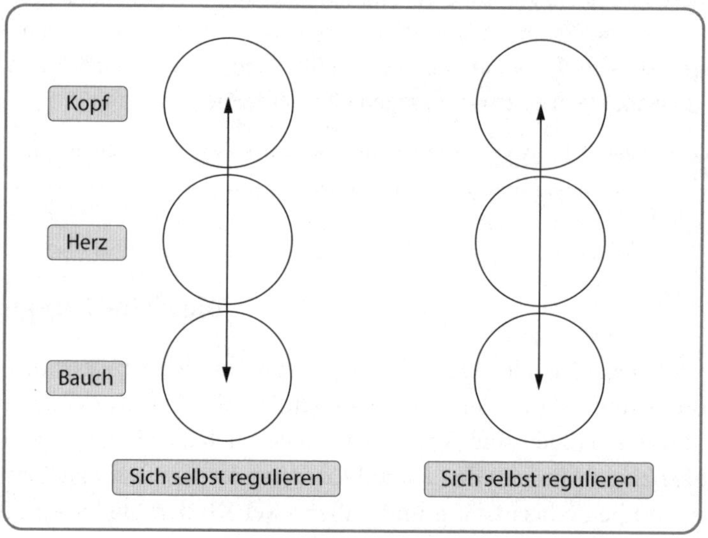

Abbildung 3.2: Vertikale Ebene

Die Ebene der vertikalen Regulation (vgl. Abbildung 3.2) ist eine innerpsychische. Man reguliert sich selbst. Im besten Fall steht eine Vielzahl an Möglichkeiten zur Verfügung: Man greift zu beruhigenden Selbstgesprächen, ruft sich positive Erinnerungen, wohlmeinende innere Stimmen und angenehme, stärkende innere Bilder wach oder wendet Atemtechniken an.

REFLEXION

Wie beruhige ich mich selbst?

5. Bin ich in der Lage, meine Gefühle selbst zu regulieren?

6. Welche Gefühle kann ich gut regulieren, welche nicht so gut?

7. Welche Wege habe ich gefunden, um innerlich zur Ruhe zu kommen?

8. Wie geht es mir damit?

Ich bin sicher, dass Sie einige Mittel und Wege zur Verfügung haben. Jeder Mensch reguliert tagaus, tagein seinen Gefühlshaushalt – auch außerhalb der Zweierbeziehung. Innerhalb einer Beziehung ist diese Fähigkeit besonders wichtig. Manchmal vergessen wir, dass unser Partner es zu schätzen weiß, wenn wir diesbezüglich nicht zu abhängig von ihm sind. Betrachten wir den Vorgang der Selbstberuhigung näher, um zu verstehen, welche Mechanismen wirksam und hilfreich sind.

Sich selbst regulieren – wie geht das?

„Zwischen Reiz und Reaktion gibt es einen Raum. In diesem Raum haben wir die Freiheit und die Macht, unsere Reaktion zu wählen. In unserer Reaktion liegen unser Wachstum und unsere Freiheit."

Dieses Zitat von Viktor Frankl, dem Begründer der Logotherapie, ebnet den Weg zu einem wichtigen Baustein der Selbstregulierung auf der vertikalen Ebene. Es lehrt uns, das Innehalten und Umschalten zu üben. Wie wichtig das ist, kennen Paare, bei denen sich destruktive Interaktionsmuster verfestigt haben, nur zu gut. In Milli-Sekunden ist man auf eine Verhaltensweise, eine Bemerkung, die Mimik oder den Tonfall des Partners angesprungen. Die emotionale Rakete ist gezündet und man ist kurz davor, oder mittendrin, in die Luft zu gehen.

Auf einen Reiz folgt unmittelbar die emotionale Reaktion. Es bilden sich spezifische Muster, die automatisch abzulaufen scheinen. Viele Paare erleben genau das als problematisch. Sie haben den Eindruck, dies würde unwillkürlich geschehen:

- *Jetzt geht es wieder los!*
- *Das bekommt so eine Eigendynamik, mit der sind wir überfordert. Wir können es nicht stoppen.*
- *Er/sie hat sich wieder nicht im Griff!*
- *Gleich geh ich in die Luft, ich raste aus!*
- *Ich „tourette" dann rum wie wild!*

Einigen Paaren kommt es so vor, als hätten sie keine andere Wahl. Darin besteht das Dilemma, denn man erlebt sich nicht nur als Opfer des Gegenübers, sondern zusätzlich als Opfer der eigenen Gefühle und Impulse. Sich derart ausgeliefert zu fühlen ist äußerst unangenehm. Man fühlt sich deutlich wohler, wenn man im eigenen Gefühlshaushalt selbst bestimmt, wie man reagieren will. Die Erfahrung, unsere Gefühle und Verhaltensweisen steuern zu können, stärkt uns. Wir erleben Selbstwirksamkeit und diese kräftigt unser Selbstbewusstsein. Wir sind zufriedener, weil wir das Ruder in der Hand behalten und nicht wie eine Nussschale auf der stürmischen See den Elementen ausgeliefert sind. Zwischen Reiz und Reaktion liegt ein Raum, diesen gilt es auszubauen und aufzusuchen.

Reiz | **R a u m** | Reaktion

Von vielen Paaren weiß ich, dass dieser Schritt sie enorm weitergebracht hat. Automatische Abläufe zu unterbrechen, trägt dazu bei, wieder in Ruhe miteinander reden zu können. Um dort hinzugelangen, müssen Sie zunächst eine Entscheidung treffen und sich fragen: Bin ich bereit dazu, es auszuprobieren? Ich möchte Sie dazu ausdrücklich ermuntern!

Kurs halten

Ich entscheide selbst,
wie ich mit meinen Gefühlen umgehe – und mich verhalte!

Haben Sie innerlich Ja gesagt, können Sie darüber nachdenken, wie Sie stattdessen (re-)agieren wollen. Dazu benötigt man einen Plan, der beschreibt, wie man sich stattdessen fühlen und verhalten will. Solange man diesen nicht hat, ist es meist besser, auf der horizontalen Ebene auf Distanz zu gehen, bevor es eskaliert. Das kann bedeuten, ein Gespräch zu beenden, bis man sich durch den Rückzug oder einen Gang um den Block beruhigt hat. Oder eine Nacht darüber geschlafen hat.

Doch wie kann man diesen inneren Raum betreten und ausbauen? Es ist zu Beginn ungewohnt, doch mit etwas Übung ist es gar nicht so schwer, wie es zunächst aussieht. Die folgenden Hausmittel erscheinen banal. Doch sie helfen bei der Selbstregulierung und tragen dazu bei, die Situation zu entspannen.

Ein Gedankenspiel
STOPP sagen und aussteigen

1. Innerlich STOPP sagen, sich ein STOPP-Zeichen vorstellen und innehalten.
2. Sich die negativen Konsequenzen einer unbedachten Äußerung oder Handlung vor Augen führen.
3. Entscheiden: Will ich das?
4. Langsam zählen: Einundzwanzig, zweiundzwanzig, dreiundzwanzig ...
5. Mehrmals tief ein- und vor allem langsam ausatmen.
6. Ein inneres Ruhe-Bild oder einen Ruhe-Ort aufrufen: eine Insel, eine Lichtung im Wald, einen Platz am Meer oder an einem schönen See.
7. Eine geeignete Vorstellung und einen guten Vorsatz nutzen:

Ich lege den Schalter um und der Zug fährt auf einem anderen Gleis weiter.
Ich fahre auf der Gefühlsautobahn rechts ran und mache Pause in einer Haltebucht.
Ich weiß, wie gut es mir tut, ruhig zu bleiben und überlegt zu handeln.
Ich lehne mich innerlich zurück und genieße meine innere Freiheit.
Ich bin gleichmütig und übe mich in neutraler Zurückhaltung.

Diese Empfehlungen mögen simpel klingen, doch im Notfall sind einfache Lösungen besser als keine. Zusätzlich können der strategische Rückzug und die bewusste Lenkung der Wahrnehmung auf eine andere Tätigkeit Sie dabei unterstützen, emotional runterzufahren. Im Streit biegt man leicht falsch ab und entscheidet sich für die Eskalation, statt die De-Eskalation einzuleiten:

- *Die Situation verlassen.*
- *Sich ablenken durch Tätigkeiten wie Kaffee kochen, abwaschen, spielen, einen Film ansehen, einen Spaziergang machen, sich zunächst extern mit geeigneten Menschen besprechen.*

Eine weitere Möglichkeit besteht darin, innere Bilder zu benutzen. Sie helfen dabei, Distanz zu gewinnen. Dadurch wird es möglich, besonnener zu agieren.

Ich stelle mir vor, wie ein Wissenschaftler staunend neben mir zu stehen und mich darüber zu wundern, was da gerade abgeht, berichtet Kai.

Mir hilft es, mich selbst und meinen Partner mit Abstand anzuschauen. Ich betrachte mich und ihn wie zwei Tiere im Zoo, die in ihren Käfigen seltsame Verhaltensweisen an den Tag legen, erzählt Sörin.

Ein Anker in mir selbst

Um zu verdeutlichen, wie wichtig die Ebene der Selbstregulation nicht nur für die Beziehung, sondern auch für die Selbstachtung ist, möchte ich Ihnen kurz die dramatischen Erfahrungen von Helena berichten. Sie berichtet von dem Teufelskreis, in den sie gerät, wenn sie sich unverbunden, ohnmächtig und wütend erlebt. Sie formuliert ihre Erkenntnis so:

Ich brauche einen Anker in mir selbst – nicht nur bei meinem Freund!

Und sie erzählt von ihrem Ringen um eine bessere Steuerung ihrer Emotionen, ihren Weg in den Engelskreislauf.

Die Erfahrungen von Helena

Teufelskreis – Suche nach Fremdberuhigung

Immer, wenn ich den Kontakt zu ihm verliere, werde ich extrem wütend und fühle mich ohnmächtig. Dann flutet mich die Wut! Ich werde beleidigend, attackiere ihn handgreiflich, werfe mit Gegenständen oder haue mit dem Kopf vor die Wand.

Im Nachhinein fühle ich mich schlecht und komme mir unreif vor. Ich hasse mich dafür, dass ich so die Kontrolle verloren habe. Ich denke dann, so sollte ich als erwachsene Frau nicht agieren, und fühle mich ihm total unterlegen. Manchmal bettle ich dann um Wiedergutmachung und deckele meinen berechtigten Ärger, aber das fühlt sich auch schlecht an.

Manchmal renne ich ihm hinterher, wenn er sich zurückzieht. Dann bedränge ich ihn umso mehr. Ich finde das selbst nicht gut, manchmal verachte ich mich dafür!

Engelskreislauf – Wege zur Selbstberuhigung

Über Sport und Jogging kann ich mich etwas besser beruhigen. Wir haben einen Box-Sack und Hanteln im Keller, mit denen kann ich trainieren und mich runterfahren. Ich habe lange nach einem passenden Bild gesucht, das mir dabei hilft, meine Wut steuern zu können. Das ist wichtig, denn sie kommt wie eine Flutwelle daher und könnte die sicheren Orte auf der Insel in mir überfluten und mein kleines Ich ins Wanken bringen.

Ich stelle mir Beton-Klappen vor der Insel vor, die Welle flutet darum herum und fließt ins Meer. Ich will mich vor meiner Flutwelle schützen und mich selbst gut finden und liebevoll zu mir selbst sein. Wenn es mir gelingt, mich selbst auszubalancieren, bevor ich den Kontakt zu meinem Partner suche, bin ich stolz und fühle mich tausendmal besser.

Notaus-Knopf

Unter großem emotionalem Stress kann man keine klaren Gedanken fassen oder Lösungen finden. Starke Gefühle wie Angst und Wut verengen die Wahrnehmung. Wir verlieren die Fähigkeit, Informationen aufzunehmen und zu bewerten. Eine vernünftige Auseinandersetzung ist in einem eskalierten Zustand nicht möglich. Ich betone diesen Aspekt, weil viele Paare es dennoch versuchen. Alle Vorschläge zur De-Eskalation, die ich Ihnen vorstelle, haben zum Ziel, Sie als Paar in einen moderaten Modus zu bringen. Es geht darum, körperlich und emotional in der Lage zu sein, sich produktiv auseinanderzusetzen. Dazu muss sich Ihr Nervenkostüm im „grünen Bereich" befinden und das Spannungslevel erträglich sein. Erst dann lassen sich die relevanten Beziehungsthemen, Störungen und Wünsche – mit einer besseren Aussicht auf ein gegenseitiges Verstehen – besprechen.

Haben Sie als Paar die Notwendigkeit erkannt, die destruktive Dynamik zu stoppen, kann die Vorgehensweise von Ramona und Dennis hilfreich sein. Sie haben sich auf das Wort „Notaus-Knopf" geeinigt. Jeder darf es aussprechen, wenn er sich unwohl fühlt, weil die Eskalationsspirale beginnt:

DENNIS: *Wir haben vereinbart, dass derjenige, der den Knopf gedrückt hat, innerhalb von 24 Stunden aktiv auf den anderen zugehen muss, um das Gespräch in einem ruhigeren Ton wiederaufzunehmen.*

RAMONA: *Für mich war das anfänglich schwer. Aber ich habe verstanden, dass meine Emotionen in dieser Phase alles schlimmer machen. Ich sage dann zu mir selbst: Gefühle sind jetzt vollkommen irrelevant! Ich kann später darauf zurückkommen, wenn wir runtergekühlt sind. Es ist besser und letztlich bringt es mehr!*

DENNIS: *Mir ist klar geworden, dass wir dadurch nicht alle Probleme lösen, sondern das System der Erregung runterfahren.*

RAMONA: *Ich habe Zeit gebraucht, bis ich diesen Notaus-Knopf nicht als gegen mich gerichtet empfunden habe. Er wendet sich gegen die Eskalationsspirale, die wir stoppen wollen, und nicht gegen meine Gefühle an sich. Die haben ihre Berechtigung.*

Ausruhe-Zeichen!

Ramona und Dennis haben ein Wort für ihre Kommunikation gefunden, mit dem Sie beide einverstanden sind. Sie nennen es ihr „Ausruhe-Zeichen"! Bei der Wahl eines solchen Wortes ist zu bedenken, dass es auch für Situationen in Gegenwart anderer geeignet sein sollte, ohne peinlich zu wirken. Schließlich soll es dabei helfen, sich besser zu fühlen und zur Ruhe zu kommen.

REFLEXION

Ausruhe-Zeichen!

1. Benötigen wir in unserer Beziehung ein Stopp-Signal?
2. Welches Wort ist für uns geeignet?

---

3. Fühlen wir uns mit diesem „Ausruhe-Zeichen" auch in Gegenwart anderer wohl?

Wie wichtig es ist, die eigenen Gefühle zu modulieren, belegen die folgenden Äußerungen.

- *Ich bin so verletzt, kann mich stundenlang nicht beruhigen.*
- *Ich fürchte, meine Trauer könnte mich überfluten.*
- *Mein Ärger ist so groß, ich könnte Türen eintreten.*
- *Ich bin so gereizt, dass es mir jeder ansieht.*

Doch auch positive Gefühle können Probleme bereiten.

- *Ich bin so verliebt, das ist kaum auszuhalten!*
- *Meine Freundin ist von meinem ständigen Wunsch nach Nähe genervt.*
- *Meine Sehnsucht ist so groß und nimmt viel zu viel Raum ein.*
- *Ich weiß gar nicht, wohin mit meiner Lust und Begierde.*
- *Ich fühle mich so lebendig, manchmal platze ich fast vor so viel Energie!*

Sowohl negativ als auch positiv bewertete Gefühle können zu Konflikten führen. Oft wird ihre Intensität subjektiv als quälend erlebt oder Gefühlsausbrüche wirken sich ungünstig auf das Beziehungsleben aus. Gerhardt erkennt dies an, auch wenn es ihm schwerfällt:

Meine Frau ist von meinen gereizten Wutausbrüchen total abgetörnt. Ich kann sie verstehen. Mir gefällt das auch nicht, aber ich komme da noch nicht raus.

Das ungezügelte Ausagieren von Emotionen birgt viele Risiken: Das Image und die Selbstachtung leiden und die Angst, das Gesicht zu verlieren, wird größer. Partner fühlen sich nicht mehr sicher und die Kluft zwischen dem Ideal von sich selbst und der gelebten Realität wird größer. Gerhardt benennt es so:

Ich kann vor mir selbst nicht bestehen, wenn ich mich nicht im Griff habe. Eigentlich möchte ich so nicht sein.

Das innere Mischpult

Vor Betätigung des Mundwerks das Gehirn einschalten, heißt es lapidar auf Schildern in Büros und Werkstätten. Um dieses zu ermöglichen, bedarf es eines geeigneten Regelmechanismus', der vorher eingeschaltet wird. Um auf der emotionalen Klaviatur kontrolliert spielen zu können, hat das folgende Bild vielen weitergeholfen: Ein Discjockey hat beispielsweise ein Pult mit Reglern vor sich. Damit reguliert er die Lautstärke, die Höhen, Mitten und Tiefen der Musik. Er steuert die verschiedenen Kanäle so, wie er es für richtig hält.

ÜBUNG: Ein Gedankenspiel – das innere Mischpult

1. Welche Gefühle möchte ich regulieren?

___

___

2. Was genau möchte ich steuern? Die Intensität, die Lautstärke, die Härte, Weichheit, die Temperatur des Gefühls?

___

___

3. Jetzt stelle ich mir mein Mischpult vor: Wie müssen die Regler und das Mischpult aussehen, um meine Gefühle regeln zu können? Wie viele Regler benötige ich?

___

___

4. Jetzt suche ich in meinem Körper eine geeignete Stelle, an der er am besten seine Wirkung entfalten kann. Wo in meinem Körper fühlt es sich stimmig an?

___

___

5. Vor meinem inneren Auge übe ich, die Regler so zu bewegen, dass ich ein Gespür für ihre Wirkung bekomme.

Das Mischpult zeichnen

Sie können sogar noch einen Schritt weitergehen und Ihr inneres Mischpult zeichnen. Udo, ein junger Krankengymnast, hat es getan. Er ist sehr besorgt, dass seine Freundin ihn aufgrund seiner Unbeherrschtheit verlassen könnte. Im ersten Schritt erstellt er eine Liste der Gefühle, die er regeln möchte: Angst, Trauer, Wut, Hass, Unsicherheit, Freude, Liebe und Glück.

Dann malt er ein Mischpult mit einem Schieberegler für jedes Gefühl und direkt daneben einen Modulator, mit dem er Feinheiten einstellen kann (vgl. Abbildung 3.3). Ihm gefällt die Vorstellung, diese Regler in seinem Bauch zu verorten.

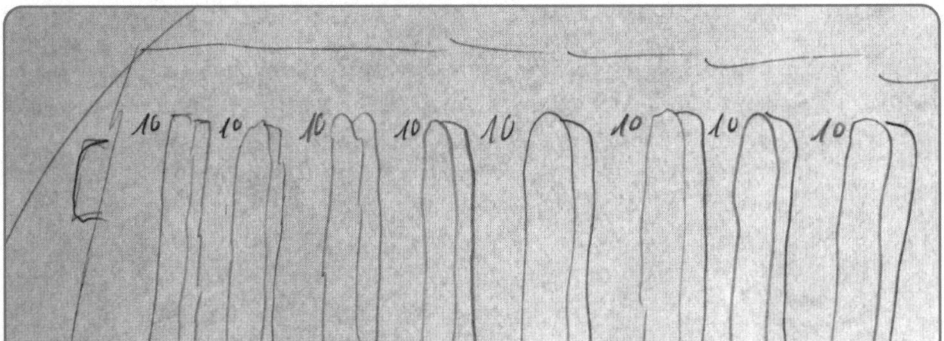

Abbildung 3.3: Udos Mischpult

Er berichtet von seinen Erfahrungen:

Das Bild ging mir nicht mehr aus dem Kopf, obwohl es im Bauch sitzt. Es gab tatsächlich wieder Auslöser für meinen Ärger. Ich kann Ungerechtigkeit und Dummheit nicht ausstehen. Wenn ich den Eindruck habe, ich werde nicht ernst genommen, fängt es an zu brodeln. Ich bin froh, dass wir diesen Zusammenhang besprochen haben. Ich habe den Ärger meiner Freundin gegenüber runterreguliert, aber schon zum Ausdruck gebracht, was mich ärgert. Aber eben nicht mehr volle Pulle. Der Regler stand auf 4, nicht mehr auf 9.

Der Liebes-Regler

Ich habe meinen Liebes-Regler nicht ganz runtergefahren, wie früher. Da hatte meine Freundin Angst, dass sie mir nichts mehr bedeutet, wenn ich so ärgerlich war. Jetzt habe ich ihr gesagt, dass ich sie trotzdem mag, auch wenn ich sauer bin.

> **Kurs halten**
>
> *Ich beruhige mich selbst*
> *und fahre meine inneren Regler runter!*

Das Bild des Mischpults spricht viele Menschen spontan an. Es hat Paare angeregt, eigene Bilder zu finden und für sich zu nutzen. Die folgenden Rückmeldungen zeigen es:

- *Mir gefällt die Vorstellung, an einem Gefühlsthermostat zu drehen, den ich wie an einer Heizung regeln kann.*
- *An einem Kalt- und Warmwasserhahn mische ich die Gefühlstemperatur ab.*
- *Ich stelle mir vor, wie ein Pilot im Cockpit zu sitzen und den Schubhebel nach unten zu fahren. Das funktioniert erstaunlich gut, vermutlich, weil ich es toll finde, der Chef in meinem Gefühlscockpit zu sein.*
- *Ich visualisiere einen Regler in meiner Brust, den ich aus einer Episode der Muppet-Show kenne. Ernie hört laut Radio und Bert ist genervt. Ernie dreht das Radio leiser, zieht den Knopf vom Radio und steckt ihn in Berts Bauch. Als dieser sich lautstark beschweren will, dreht Bernie ihn leiser.*
- *Ich denke an ein Schleusentor, mit dem ich den Wasserstand regeln kann.*
- *Ich stelle innerlich eine Weiche um, sodass der Zug auf einem anderen Gleis weiterfährt.*
- *Ein blauer Trafo mit rotem Schalter regelt meine Gefühle, so wie ich früher auf meiner Spielzeugeisenbahn die Geschwindigkeit gesteuert habe.*
- *Ich habe mein altes Röhrenradio vor Augen, mit dem ich die Frequenzen reguliere.*

Diese Vorstellungen entfalten ihre beruhigende Wirkung in vollem Umfang meist erst dann, wenn man regelmäßig übt. Experimentieren Sie mit Ihrem inneren Bild auch in emotional ruhigen Zeiten. Machen Sie „Trocken-Übungen“, denn aus der Hirnforschung ist bekannt, dass der Aufbau eines neuen Wirkmechanismus bis zu 80 Mal mental eingeübt werden muss. Schließen Sie nicht aus, dass es auch schneller geht. So mancher hat sich schon als Naturtalent entpuppt.

Fassen wir zusammen: Menschen, die in frühen Jahren zu wenig die Erfahrung machen konnten, wohlwollend mit ihren Bedürfnissen angenommen zu sein, tun sich mit der Selbstregulierung schwer. Deren Grundbedürfnisse nach Halt, Sicherheit, positiver Resonanz und Geborgenheit wurden vernachlässigt. Sie sind es gewohnt, mit ihren Gefühlen alleingelassen zu werden. In der Folge sind sie damit überfordert, weil sie Spannungszustände erlebt haben, die sie früher allein kaum aushalten konnten. In einer Beziehung entsteht dann der Eindruck, gar nicht an sie heranzukommen. Sie behalten ihren Schmerz in sich.

Eine andere Lösung dieses Dilemmas besteht in der unter Punkt 2 beschriebenen großen Anhänglichkeit, die zu einer unbefriedigenden Abhängigkeit führt. In diesem Fall ist es wichtig, die innere Autonomie und Stabilität zu fördern. Die folgende Übung kann Sie dabei unterstützen. Sie regt dazu an, sich unabhängig von Ihrem Partner wieder ins Gleichgewicht zu bringen und zu beruhigen.

ÜBUNG zur Selbstberuhigung

Der Atem, der mich trägt, und der Ort, an dem ich mich wohlfühle

1. *Setzen Sie sich bequem in einen Sessel oder legen Sie sich auf den Rücken bzw. in die Seitenlage. Wichtig ist, dass Sie diese Position mögen. Sie sollte behaglich und angenehm sein. Legen Sie nun eine oder beide Hände auf Ihren Bauch. Schließen Sie die Augen und spüren Sie, wie sich die Bauchdecke bewegt. Mit dem Einatmen hebt sie sich etwas, mit dem Ausatmen senkt sie sich.*
2. *Spüren Sie die angenehme Schwere und wohltuende Wärme Ihrer Hände. Lassen Sie sich von Ihrem Atem tragen und warten Sie darauf, dass es allmählich in Ihnen ruhiger wird. Spüren Sie die warme Fläche unter Ihren Händen.*
3. *Lassen Sie jetzt aus den tieferen, weisen und heilenden Schichten Ihrer Persönlichkeit einen Ort des Wohlbefindens auftauchen, an dem Sie sich sicher und geborgen fühlen. Es kann sein, dass Sie diesen Ort bereits kennen oder er Ihnen zum ersten Mal begegnet. Wichtig ist, dass Sie sich dort sicher und geborgen fühlen.*
4. *Lassen Sie sich mit allen Sinnen wahrnehmen, wie gut es tut, dort zu sein. Tauchen Sie ganz in die gute Atmosphäre und Energie dieses Ortes ein und lassen Sie sich immer mehr zur Ruhe kommen.*
5. *Wenn Sie spüren, dass Sie zur Ruhe gekommen sind und ausreichend aufgetankt haben, richten Sie Ihre Aufmerksamkeit wieder auf Ihren Körper als Ganzes. Spüren Sie den Kontakt zu der Sitz- oder Liegefläche, die Sie eingenommen haben. Vergegenwärtigen Sie sich den Raum, der Sie umgibt, und öffnen Sie allmählich Ihre Augen.*

Der Mensch ist ein soziales Wesen und jedes Paar lebt in einem sozialen Umfeld. Darum verdient die Regulation über Dritte – oder etwas Drittes – Aufmerksamkeit. Denn nicht alle Spannungen und Konflikte lassen sich in der Exklusivität der Zweierbeziehung abmildern oder gar lösen. Es bedarf externer Kontakte und Ausgleichsmöglichkeiten, damit die Beziehung nicht unter der Last zu vieler Erwartungen zusammenbricht.

3.4 Die externe soziale Ebene

Auf den Punkt gebracht: Ein Paar, dass nur sich selbst hat, ist arm dran! Die Beziehung läuft Gefahr, mit Erwartungen überfrachtet zu werden. Der Partner soll Partner, guter Vater, gute Mutter, Familienmanager, bester Freund, Ratgeber, Tröster, Geliebter, intellektueller Sparringspartner, Sportskamerad, Ermutiger, Therapeut, Seelsorger, Blitzableiter, Gesprächspartner, Spiegelbild, Inputgeber, Problemlöser, Wachstumshelfer und verständnisvoller Beistand in allen Lebenslagen sein – puh, was für eine Last!

In dieser Hinsicht gilt es, die Kirche im Dorf zu lassen und sich klarzumachen, dass die Bettdecke immer an einer Stelle zu kurz ist. Die Devise „Alles mit einem Partner immer und jederzeit“ klingt edel, funktioniert aber nicht. Eine Beziehung und ein Mensch können nicht alle Bedürfnisse abdecken! Wir benötigen Freunde, Familie, Verwandte, Nachbarn und Kollegen, mit denen wir uns über jeweils unterschiedliche Dinge austauschen. Wir sind soziale Wesen und sollten dies nicht vergessen, wenn wir in einer Beziehung leben.

Auf der sozialen Ebene (vgl. Abbildung 3.4) steuern wir indirekt also auch den Beziehungshaushalt. Ich habe viele Paare kennengelernt, denen es an Regulierungsmöglichkeiten außerhalb der Beziehung fehlte.

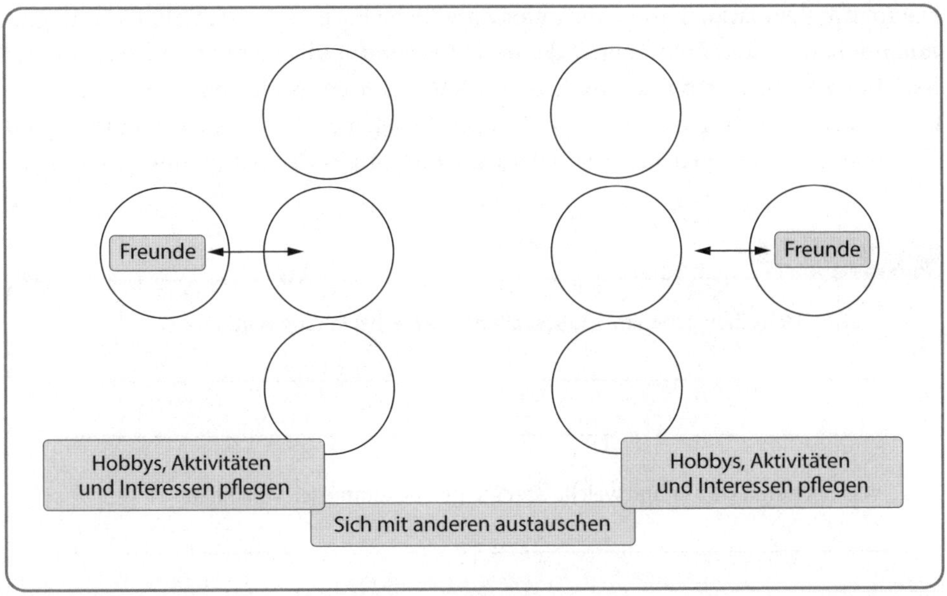

Abbildung 3.4: Soziale externe Ebene

Mein Mann und ich waren in unserem großen Haus gefangen. Wir hatten ein zu kleines soziales Netz. Unsere Beziehung wäre daran fast erstickt.

Das berichten Angelika und Rolf. Von Männern höre ich Aussagen wie diese:

Meine Frau ist mein bester Freund. Ich habe kaum richtige Freunde!

In der Regel quittieren Frauen ein solches Statement mit Besorgnis, weil sie die Einsamkeit ihres Mannes spüren. Unmerklich nehmen Sie den Druck wahr, der durch diese Konstellation entsteht. Sie möchten nicht dafür zuständig sein, die fehlenden sozialen Rollen ihres Mannes auszugleichen. Umgekehrt leiden Männer darunter, wenn Frauen zu sehr in der Mutterrolle oder ihrer Arbeit aufgehen und darüber klagen, dass es ihnen an Ausgleich fehlt, für den dann wiederum der Mann zuständig sein soll.

Kurs halten

Ich pflege meine Beziehungen
und meine Aktivitäten außerhalb unserer Partnerschaft!

Die soziale Regulation kann ganz unterschiedliche Formen annehmen. Es kann guttun, mit dem besten Freund oder der besten Freundin ungehemmt den Zustand der Beziehung zu beklagen oder konkret um Rat zu bitten. Nicht selten entlastet es zu hören, dass es auch in anderen Beziehungen Probleme gibt. Trost, Verständnis und Zuspruch bei Menschen außerhalb der Beziehung zu finden befreit und gibt Kraft.

REFLEXION

1. Welche Menschen geben mir außerhalb der Zweierbeziehung Halt?

___

___

2. Was bedeuten sie mir und welche Anregungen bekomme ich von ihnen?

___

___

3. Welchen Menschen bedeute ich etwas?

___

___

4. Was schätzen diese Personen an mir?

___

___

Die Regulation auf der dritten Ebene ist nicht unbedingt an Personen gebunden. Tiere wie Hunde, Katzen und Pferde können eine wichtige Rolle als Tröster und Gefährten spielen. Spaziergänge in der Natur, der Besuch von kulturellen Einrichtungen und Veranstaltungen, ein Hobby und Reisen schaffen ebenfalls eine wohltuende Distanz zum angespannten Beziehungsalltag. Die Ablenkung durch Musik, ein gutes Buch oder andere angenehme Reize helfen beim Atemholen, wenn man sich als Paar verstrickt hat und nicht weiterkommt.

REFLEXION

1. Welche Tätigkeiten und Hobbys bereiten mir Freude?

___

___

2. Welche Aktivitäten und Neigungen habe ich vernachlässigt und in der Beziehung geopfert?

___

___

3. Wie könnte es mich und unsere Beziehung bereichern, wenn ich diese wieder aufnehme?

___

___

Es gibt noch eine vierte Ebene, die leicht aus dem Blickfeld gerät, weil sie in nicht spirituellen Kreisen schambesetzt sein kann.

3.5 Die spirituelle und transpersonale Ebene

Suche neuen Schutzengel. Meiner ist mit den Nerven am Ende!

Diese Ebene (vgl. Abbildung 3.5) wird mitunter belächelt oder als Fluchtverhalten negativ bewertet und missverstanden. Das wird den Betreffenden allerdings nicht gerecht, denn Zuflucht in der Spiritualität zu suchen ist nicht krankhaft, sondern für viele Menschen eine wertvolle und fruchtbare Erfahrung. Nicht nur in aussichtslosen Konstellationen, wenn man sich in einer Beziehung ohnmächtig und festgefahren erlebt, kann die Hinwendung an eine wie auch immer geartete höhere Macht hilfreich und tröstend sein.

Der Glaube oder eine spirituelle Ausrichtung können im Beziehungsalltag eine wichtige Rolle spielen und Kraft spenden. In vielen Partnerschaften haben das Gebet (in der Familie, mit den Kindern) und individuelle Meditations- und Achtsamkeitsübungen einen hohen Stellenwert.

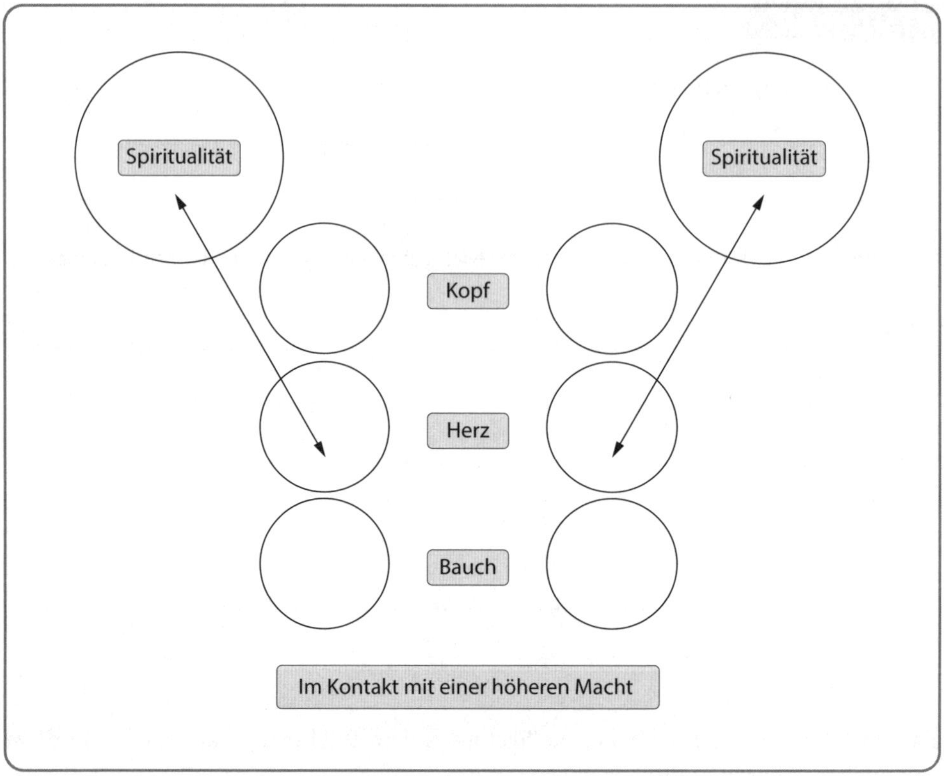

Abbildung 3.5: Transpersonale Ebene

Martin, ein gläubiger Familienvater und Christ, der sich in schwierigen Auseinandersetzungen mit seiner Frau verzweifelt und hilflos erlebt, wendet sich in seiner Not im Gebet an Jesus Christus:

Darin finde ich Halt und schöpfe wieder die Kraft, auf meine Frau zuzugehen und weiterzumachen – auch wenn es mühsam ist!

Es ist nicht erforderlich, im religiösen Sinn gläubig zu sein. Man kann sich an eine transpersonale Instanz, seinen persönlichen Gott, Buddha, ein gütiges oder wissendes Wesen, einen Schutzengel oder gute Geister wenden. Kontakt mit seinen individuellen Überzeugungen aufzunehmen und diese zu bewahren spendet ebenfalls Kraft und gibt eine Orientierung. Dazu kann die Besinnung auf persönliche Werte ebenso gehören wie die Orientierung an einem geeigneten Vorbild.

Franziska und ihr Mann Jannik praktizieren Yoga und bemühen sich um einen achtsamen Umgang miteinander:

In einem Workshop haben wir gelernt und verstanden, dass jeder von uns einen verletzlichen Kern in sich trägt. Er braucht Mitgefühl und man sollte ihn respektvoll behandeln. Daran versuchen wir uns gegenseitig zu erinnern, wenn wir in Streit geraten oder Gefahr laufen, gemeine Dinge zu sagen. In letzter Zeit hören wir am Wochenende gemeinsam einen Meditations-Podcast, den wir beide mögen. Das hilft uns dabei, die alten Gedankenmuster loszulassen.

REFLEXION

1. Was ist es, an das ich unerschütterlich glaube?

____

____

2. Wie hilft mir dieser Glaube in meiner Beziehung bzw. wie könnte er mir helfen?

____

____

3. Welche Vorstellung habe ich von einer höheren Macht oder einem hilfreichen Wesen?

____

____

Vielleicht ist es beruhigend zu wissen, dass es nicht die vermeintlich so attraktiven Gegensätze sind, die ein Paar stabilisieren. Tatsächlich sind es vor allem Gemeinsamkeiten, ähnliche Überzeugungen und Werte, die ein Paar zusammenhalten. Ein Gespräch darüber, woran man glaubt, was einem im Leben wichtig ist und leitet, ist gut verbrachte Paar-Zeit. Die folgenden Reflexionsfragen können Sie dazu als Gesprächsgrundlage nutzen.

Gedankenspiel – gemeinsame Werte und Überzeugungen

1. An welchen Werten orientiere ich mich in unserer Beziehung? Was ist mir essenziell wichtig?

____

____

2. An welchen Werten orientiert sich mein Partner in unserer Beziehung? Was ist ihm essenziell wichtig?

____

____

3. Ich stelle mir vor, wie es ist, wenn uns keine materiellen Güter mehr zur Verfügung stehen. Welche Werte und Tugenden würden uns dann verbinden?

____

____

4. Worauf kann ich mich in der größten Not verlassen?

____

____

5. Welche Werte würde ich gern wiederbeleben oder neu in unsere Beziehung pflanzen?

____

____

3.6 Problematische Strategien der Regulation

Kinder als Zeugen und Schiedsrichter

In einem heftigen Streit fühlt man sich schnell unverstanden. Man erreicht den Partner nicht und hat den Eindruck, gegen eine Wand zu reden. Dann fühlt man sich isoliert und allein. Wird außerdem die eigene Wahrnehmung infrage gestellt oder behauptet, es sei alles ganz anders gewesen, sucht man automatisch nach Beistand. Das ist verständlich, führt aber zu problematischen Konstellationen (vgl. auch Abbildung 3.6).

Es ist keine gute Idee, Kinder als Zeugen oder Schiedsrichter in einen Konflikt hineinzuziehen. Selbst dann nicht, wenn diese aus der Not heraus von selbst Partei ergreifen. Kinder geraten in ein großes Dilemma. Sie befinden sich in einem Loyalitätskonflikt, der sie innerlich zerreißt. Werden sie dazu aufgefordert, für eine Seite Partei zu ergreifen, fürchten sie, das Wohlwollen der anderen Seite zu verlieren. Nehmen Sie keine Stellung, haben Sie Angst, einen Elternteil zu enttäuschen. Sie werden durch derartige Erwartungen massiv überfordert! Darum gilt:

Einen Streit müssen die Erwachsenen selber regeln!

REFLEXION

1. Welche Rolle spielen die Kinder bei Konflikten zwischen uns?

 ____

2. Neige ich dazu, die Kinder in einen Konflikt hineinzuziehen und sie als Zeuge oder Blitzableiter zu benutzen?

 ____

3. Senden die Kinder Signale, dass sie mit Spannungen zwischen uns überfordert sind?

 ____

4. Wie können wir dafür Sorge tragen, dass die Kinder nicht durch uns belastet werden?

 ____

 ____

Freunde als Koalitionäre

Das gleiche Unheil droht, wenn gemeinsame Freunde oder Familienangehörige für eigene Zwecke instrumentalisiert werden. Diese fühlen sich schnell unwohl, weil sie zwischen die Fronten geraten und den Druck verspüren, sich für eine Seite entscheiden zu müssen.

Damit ist nicht gemeint, mit der besten Freundin oder dem besten Freund über Probleme zu sprechen. Jeder benötigt diesen freundschaftlichen Austausch. Es ist jedoch nicht ratsam, Freunde in Gegenwart des Partners in einer Auseinandersetzung auf die eigene Seite zu ziehen. Einzige Ausnahme: Wenn Gewalt oder Missbrauch im Spiel sind. Dann benötigen Sie einen geeigneten Menschen an Ihrer Seite, der eindeutig Stellung bezieht.

Kurs halten

Ich instrumentalisiere
meine Kinder und Freunde nicht gegen meinen Partner!
Ich regele meine Angelegenheiten selbst!

Haustiere als Blitzableiter und Seelentröster

Belastungen führen zu Spannungen, die nach einer Entladung suchen. In Konflikten übernehmen sogar Haustiere eine regulierende Funktion, die leicht einen schalen Beigeschmack bekommt:

Erich: *Letzte Woche habe ich aus einem Affekt heraus den Hund getreten. Ich war von einem Kunden genervt, kam nach Hause und es war überall unaufgeräumt. Meine Frau und die Kinder haben mich so auf die Palme gebracht, da hatte ich einen Aussetzer. Im Nachhinein tut es mir furchtbar leid.*

Marlies: *Die Kinder und ich haben uns furchtbar erschrocken. Was kann denn der Hund für deine schlechte Laune?*

Erich: *Nichts! Das weiß ich selber! Aber du benutzt ihn manchmal auch gegen mich!*

Marlies: *Wie meinst du das?*

Erich: *Nach unserem letzten Streit hast du ihn demonstrativ auf den Schoß genommen, ihn gestreichelt und ihm ins Ohr geflüstert: ‚Du verstehst mich!'*

Diese kurze Schilderung verdeutlicht, wie unangemessen das Einbeziehen der Haustiere in einem Beziehungskonflikt ist. Missbraucht man sie als Blitzableiter und Seelentröster, befeuert man eine Auseinandersetzung, statt sie zu beruhigen. Verzichten Sie darauf!

Suchtmittel als gefährliches Regulativ

Gelingt es einem Paar längere Zeit nicht, konstruktiv über Probleme und Bedürfnisse zu sprechen, kann die Beruhigung über Suchtmittel naheliegen. Ich habe im Laufe der Jahre erlebt, wie tief greifend eine Beziehung darunter leidet, wenn einer – oder sogar beide – diesen Weg beschreiten. Süchte aller Art führen in eine Abwärtsspirale und verhindern eine Wende zum Guten.

Das Angebot an Möglichkeiten ist groß: Alkohol, Marihuana, synthetische Drogen, Sex- und Pornokonsum, Computer-Spiele, Film-Serien, Prostituierte, Konsum und Arbeit stehen als Fluchtwege mit erheblichen Risiken bereit. Wenn Sie sich oder Ihren Partner für gefährdet halten, zögern Sie nicht, eine Beratungsstelle aufzusuchen. Sobald ein erhöhter Suchtmittelkonsum im Raum steht, lassen sich Beziehungskonflikte nicht mehr lösen!

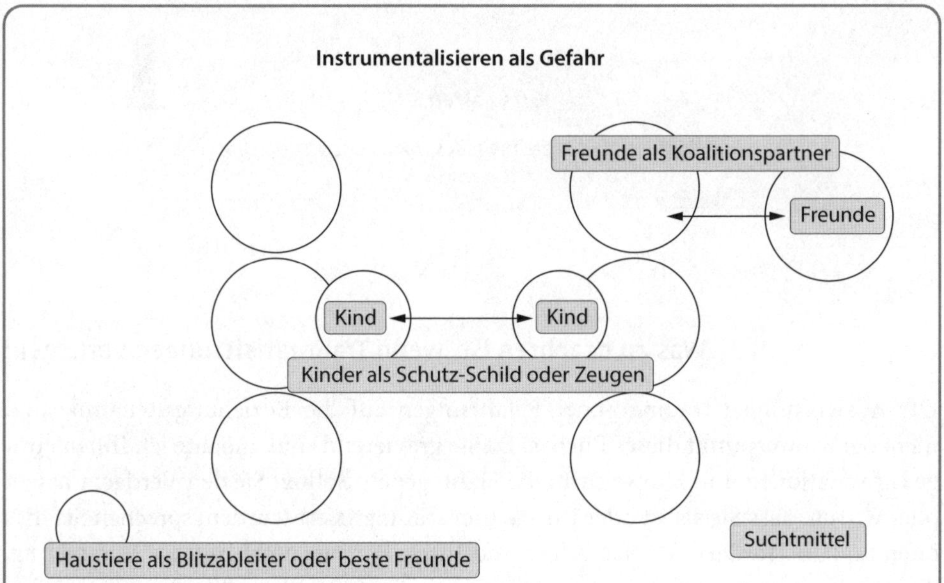

Abbildung 3.6: Vorsicht! Destruktive Regulation über andere

Rückzug – Verfolgung

Hat ein Partner signalisiert, dass er einem Streit nicht mehr gewachsen und überfordert ist, möchte er sich zurückziehen. Das ist sein gutes Recht und sollte in einer Partnerschaft möglich sein. Der Wunsch, in Ruhe gelassen zu werden, führt zu Komplikationen, wenn er als Zurückweisung oder kränkendes Desinteresse empfunden wird.

Aus der Not oder einer Kränkungswut heraus entsteht dann der Impuls, dem anderen diese Ruhe nicht zu lassen und ihn zu verfolgen. Dann kommt es nicht selten dazu, dass der eine sich einschließt und der andere versucht, die Tür einzutreten. Oder es kommt zu Handgreiflichkeiten. In solchen Konstellationen herrscht höchste Eskalationsalarmstufe.

Für ein Paar ist es wichtig, den Umgang mit dem Rückzugswunsch in einer ruhigen Phase zu besprechen und zu vereinbaren, dass jeder dieses Rückzugsrecht hat. Es ist wichtig, darüber zu sprechen, wie es danach weitergeht. Etwa, indem der Rückzügler seine Bereitschaft erklärt, wieder auf den Partner zuzugehen, und ihm vor dem Rückzug versichert, dass dies kein Kontaktabbruch sein soll, sondern der De-Eskalation und Beruhigung dient.

Zu guter Letzt ein bewährter Alltags-Tipp:

Kurs halten

Keine Konflikt- und Beziehungsgespräche nach 23:00 Uhr!

Was zu beachten ist, wenn Traumatisierungen vorliegen!

Die Auswirkungen traumatischer Erfahrungen auf die Beziehungsdynamik sind nicht der Schwerpunkt dieses Buches. Da sie gravierend sind, möchte ich Ihnen einige Informationen und Hinweise an die Hand geben. Sollten Sie den Verdacht haben oder wissen, dass Sie selbst oder Ihr Partner traumatisiert wurden, sprechen Sie dies offen an. Überfordern Sie sich selbst und Ihren Partner nicht mit der Vorstellung, damit alleine klarzukommen. Spätestens wenn Sie feststellen, dass die emotionalen Stürme überhandnehmen oder Sie sich gegenseitig gar nicht mehr erreichen können, holen Sie sich Unterstützung!

Zur Information

Traumatische Erfahrungen und die Auswirkungen

Ein Trauma ist ein Wunde körperlicher oder seelischer Art, die durch Vernachlässigung, fehlende Fürsorge und Schutz, Grenzverletzungen, Übergriffe, Missbrauch, verbale und körperliche Gewalt hervorgerufen wird. Sie beinhaltet die Erfahrung, in Momenten großer Ohnmacht und Bedürftigkeit alleingelassen oder verlassen und gedemütigt zu werden. So gesehen kann jedes Trauma, wenn es von Menschen hervorgerufen wurde, mit einer gravierenden Bindungsverletzung einhergehen. Das Vertrauen in eine sichere Beziehung, in sich selbst, die Menschen und die Welt als Ganzes kann verloren gehen oder beschädigt werden.

Eine traumatische Erfahrung bedeutet großen emotionalen Stress. Das Gefühl der Bedrohung kann allgegenwärtig sein. Das Bindungssystem ist ständig in Hab-Acht-Stellung, die Gefahr ist eine anhaltende Quelle der Angst und Panik. Das Bedürfnis nach Schutz und Sicherheit nimmt überhand.

Für eine Beziehung können die Auswirkungen unverarbeiteter traumatischer Erlebnisse besonders herausfordernd sein.

1. Erlebt der traumatisierte Partner Situationen immer wieder nach, weil sie durch bestimmte Reize erneut ausgelöst werden, wird die Beziehung extrem belastet.
2. Neigt der Betroffene zu Vermeidungsverhalten oder dazu, sich zu betäuben, ist er in der Beziehung nicht wirklich anwesend.
3. Kommen Übererregbarkeit (Hyperarousal), unkontrollierbare Wutausbrüche, heftige Gefühlsschwankungen, übermäßige Schreckreaktionen oder totaler Rückzug hinzu, führt dies fast immer zur Überforderung beim Partner – mit teils ungünstigen Gegenreaktionen, die schnell zur Eskalation führen.

Zur Orientierung für den Partner

1. Begegnet Ihnen heftige Wut, ist es wichtig zu wissen, dass sich dahinter oft schreckliche Gefühle von Hilflosigkeit, Angst und Scham verbergen. Für einen traumatisierten Menschen ist das Gefühl der Wut in gewisser Weise sicherer, weil es kraftvoll ist. Über die Angst zu sprechen würde ihn noch verletzbarer machen.
2. Ihr Partner befindet sich in einem Dilemma: Einerseits benötigt er dringend den sicheren Hafen der Beziehung zu Ihnen, andererseits kann er kaum glauben, dass es diesen Halt gibt. Ihnen begegnet eine große Ambivalenz, die auch für Sie schwer auszuhalten ist.
3. Traumata, die durch zurückliegende Beziehungserfahrungen hervorgerufen wurden, führen dazu, dass eine Beziehung nicht mehr unvoreingenommen als sicher erlebt werden kann. Selbst kleinste Signale können Ihren Partner extrem beunruhigen und emotional aus dem Gleichgewicht bringen.

Die große Herausforderung für Sie besteht darin, innerlich präsent und zugewandt zu bleiben, *obwohl* Sie mit problematischen Gefühlen konfrontiert werden. Gelingt es Ihnen, der

Fels in der Brandung zu sein, kann dies helfen, auf den Partner beruhigend einzuwirken, sodass seine Angst sich mildert und er innerlich ruhiger werden kann.

Hat Ihr Partner seine traumatischen Erlebnisse noch nicht gut bearbeitet, ist dies allerdings ein schwieriger Balanceakt, weil die Dynamik vermutlich auch in Ihnen Gefühle hervorruft. Sollten Sie sich überfordert fühlen oder in Kontakt mit eigenen Traumata kommen, scheuen Sie nicht, für sich selbst oder als Paar eine Begleitung zu suchen.

3.7 Zurück auf Start

Bei uns spielen sich Szenen ab, das können Sie sich gar nicht vorstellen! – Du machst mir andauernd eine Szene! – Da läuft ein Film ab!

Da läuft ein Film ab! Viele streitende Paare kennen wiederkehrende Szenen, die filmreif sind. Im Fernsehen und in den Internetserien sieht man Wiederholungen durchaus gern. Sogar Dramen kann man genießen. Im persönlichen Beziehungskino würden viele darauf gern verzichten: *Können wir das nicht mal abstellen? Es ist immer das Gleiche!*

Das ist ein guter Gedanke. Es lohnt sich, ihn aufzugreifen und darüber nachzudenken, *wie* es einem besser gefallen würde. Zu wissen, was man nicht mehr möchte, ist ein wichtiger Schritt. Erst wenn ein Paar der sich wiederholenden Szenen überdrüssig geworden ist, macht es Sinn, Alternativen auszuarbeiten. Der Protagonist im eigenen Drama zu sein bereitet keine Freude. „No drama, Baby", könnte die Devise für eine Neuinszenierung lauten.

Will man eine destruktive Beziehungsdynamik verändern, ist es sinnvoll, die kritischen Stellen des negativen Ablaufs näher zu beleuchten. Am besten gelingt dies, wenn man den Film in Zeitlupe betrachtet oder bei einem Standbild innehält.

DIRK: *Wir sind zum hundertsten Mal ausgetickt, als Susanne schon wieder damit anfing, mir vorzuwerfen, ich hätte etwas gegen ihren Vater.*
SUSANNE: *Du redest oft abfällig über ihn.*
DIRK: *Nein, ich mag es nur nicht, wenn er immer das letzte Wort haben muss. Sonst finde ich ihn in Ordnung. Du kannst Kritik an deinem Vater nicht vertragen. Für dich es er so was wie ein Heiliger.*
SUSANNE: *Das finde ich jetzt aber …*

STOPP!

Der Film geht normalerweise folgendermaßen weiter: Susannes Stimme wird lauter und schriller. Dirk fühlt sich schulmeisterlich zurechtgewiesen und provoziert Susanne, indem er ihre Stimme nachahmt. Susanne wendet sich verletzt von ihm ab, verlässt den Raum und knallt die Tür ins Schloss. Das ist für Dirk das Zeichen, hinter Susanne herzulaufen und ihr „Du bist eine Prinzessin auf der Erbse“ hinterherzurufen. Als Replik erntet er: „Und du bist ein überhebliches A ...“

Reizworte gießen Öl ins Feuer

Beiden ist klar geworden, dass es Reizworte gibt, die heftige emotionale Reaktionen hervorrufen. Dirk stößt sich an dem Begriff „abfällig“, weil es die aus seiner Sicht berechtigte Kritik nicht ernst nimmt und ihm unterstellt wird, er möge seinen Schwiegervater nicht. Susanne fühlt sich durch die Unterstellung, ihr Vater wäre für sie ein „Heiliger“, als einfältiges Dummerchen dargestellt, das nicht in der Lage ist, den eigenen Vater kritisch zu sehen.

Susanne und Dirk haben verstanden, dass jeder auf seine Weise Öl ins Feuer gießt und dadurch eine destruktive Beziehungsdynamik befeuert. Sie überlegen, an welcher Stelle des Films sie Veränderungen vornehmen wollen, und tragen die Eckpunkte zusammen.

SUSANNE: *Der Auslöser ist die Kritik an meinem Vater. Ich müsste gelassener reagieren und mir klarmachen, dass Dirk lediglich ein Punkt an ihm stört.*

DIRK: *Dann wäre viel gewonnen. Es wäre schön, wenn du dann nicht mehr die Augen verdrehen würdest.*

SUSANNE: *... und wenn du mir mal sagst, was du an meinem Vater magst.*

DIRK: *... und ich wäre dir dankbar, wenn du aufhörst, die Türen zuzuschlagen, wenn du sauer bist.*

SUSANNE: *Hör du bitte auf, meine Stimme nachzuahmen, wenn ich mal ärgerlich bin. Das mag ich gar nicht! Und die „Prinzessin auf der Erbse“ kannst du weglassen!*

DIRK: *Als arrogantes A... bezeichnet zu werden ist auch nicht nett.*

Ein neues Drehbuch

Das folgende Szenario wirkt auf den ersten Blick gestellt und künstlich, aber es macht Sinn, den neuen Film gedanklich durchzuspielen. Denn erst dadurch bekommen Susanne und Dirk eine Vorstellung davon, wie es besser laufen kann. Sie erhalten die Anregung, das Drehbuch für die neue Variante Ihres Wunschfilmes zu schreiben und wie ein Regisseur den Protagonisten Handlungsanweisungen zu geben:

SUSANNE: *Du sagst mir, was dich an meinem Vater stört, und begründest es in sachlichem Tonfall. Dann sagst du anschließend etwas Nettes über ihn. Das ist wichtig! Am Ende sollte eine positive Aussage über meinen Vater stehen.*

DIRK: *Von dir hätte ich gern ein Zeichen des Verstehens. Irgendeinen Satz wie „Ich verstehe, was du meinst!" Du musst mir ja nicht beipflichten, aber mir zeigen, dass du meine Äußerungen nicht als gegen dich gerichtet empfindest. Und sieh' mich bitte dabei an!*

SUSANNE: *Okay. Trotzdem darf ich dir sagen, wenn mich deine Art und Weise stört. Ich muss ja das Recht haben, mich davon abzugrenzen!*

DIRK: *Dann aber bitte im Kontakt bleiben und nicht wegrennen. Sag mir, dass du meine Sicht akzeptierst, auch wenn du manches anders siehst. Das reicht mir!*

SUSANNE: *Und wie soll ich das machen?*

DIRK: *Wenn wir vorher gestanden haben, können wir uns ja beide hinsetzen. Sag doch, dass es dir schwerfällt, meine Sicht anzunehmen. Das finde ich besser, als den Raum zu verlassen und die Tür zuzuschlagen.*

SUSANNE: *Dann könntest du mir aber sagen, dass du mich verstehst. Immerhin geht es um meinen Vater, den ich mag!*

DIRK: *Ja, das verstehe ich ja, aber …*

SUSANNE: *Kein „aber", bitte. Lass es so stehen und relativiere die Aussage nicht.*

DIRK: *Wie denn dann?*

SUSANNE: *Sag: Ich verstehe, dass du deinen Vater magst und in Schutz nimmst, das ist normal!*

Hat man sich ein alternatives Drehbuch erarbeitet, besteht der nächste Schritt darin, es in die Praxis umzusetzen. Bemerkt ein Paar im Alltag, dass der alte Film startet, sollte einer der beiden umgehend STOPP rufen, um innezuhalten und sich daran zu erinnern, was man besprochen hat. Dann lautet das Kommando „Zurück auf Start" und die Szene wird ein zweites Mal durchlaufen – jetzt nach dem neuen Drehbuch!

Die neue Variante ausprobieren

SUSANNE: *Es ist seltsam, aber seitdem wir den neuen Entwurf besprochen haben, liefen die Gespräche über meinen Vater nüchtern und sachlich. Wir mussten gar nicht üben. Allerdings gab es ein anderes Reizthema, bei dem wir beide hochgefahren sind.*

DIRK: *Da habe ich STOPP gerufen und wir haben kurz überlegt, wie wir das Szenario verändern können. Ich bin dann rausgegangen, wieder hereingekommen und wir haben eine neue Variante ausprobiert. Es war ungewöhnlich und fremd, aber es war besser!*

REFLEXION

Unser Film

1. Welcher Film läuft in meiner Beziehung immer wieder ab?

2. Was würde ich gern daran ändern?

3. Welche Handlungsanweisung würde ich mir selbst ins neue Drehbuch schreiben?

4. Was sollte mein Partner anders machen?

5. Welchen Titel und Untertitel würde ich meinem / unserem Wunsch-Film geben?

Kurs halten

Wir schreiben

unser Drehbuch neu und beginnen von vorn!

4. | Mit dem Störenden gut umgehen

Würdest du für mich bis zum Mond gehen? – Ja, natürlich, Schatz! – Und würdest du für mich auch dort bleiben?

In diesem Kapitel geht es um ein Thema, das in jeder Beziehung früher oder später auftaucht. Der andere ist auf einmal nicht mehr so, wie man ihn gern hätte. So hatte man ihn oder sie sich nicht vorgestellt. Das müsste sich doch regeln lassen! Aber gleich zum Mond schießen? Zur Einstimmung eine kleine Geschichte:

4.1 Das Lächeln der Mona Lisa

Bei Sotheby's in London wird die als verschollen geltende Urfassung der Mona Lisa angeboten. Auf diesen Moment hat der Multi-Milliardär lange gewartet. Sein Jagdtrieb ist erwacht. Die will ich haben! Er kann es kaum erwarten, das Bild in den Händen zu halten. Die Versteigerung beginnt. Anonym lässt er einen Unterhändler das Geschehen beobachten. Schnell wird klar, dass es andere Mitbieter gibt. Seine Sehnsucht wird größer, er muss dieses Bild besitzen. Er geht bis an die Schmerzgrenze, da kommt, kurz bevor der Hammer fällt, ein besseres Angebot. Er zuckt innerlich zusammen, doch sofort ist ihm klar: Ich will sie haben! Er gibt das Zeichen, eine Million draufzulegen. Unter den Anwesenden im Raum herrscht atemlose Stille. Dann fällt der Auktionshammer und endlich erhält er den erlösenden Zuschlag. Glückseligkeit durchströmt seine Brust, Tränen füllen seine Augen.

Wochen später wird das Bild geliefert. Stolz hängt er es in das schönste seiner Gemächer. Was für ein Anblick! Doch die Honeymoon-Phase ist von kurzer Dauer. Er betrachtet das Bild erneut. Die Art und Weise, wie sie ihn anblickt, gefällt ihm nicht. Hat sie schon immer so geguckt? Unmut macht sich breit. Wie konnte er das übersehen? Mona Lisa entspricht nicht mehr seinen Vorstellungen. Die Ausstrahlung ist nicht mehr die gleiche. Was er vorher spannend fand, ist jetzt gähnend langweilig. Er hadert mit sich, es zerreißt ihn fast. Doch er hat sich nun mal für dieses Bild entschieden. Andererseits, wenn er es genau bedenkt, gehört es ihm ja. Man könnte doch versuchen, es gefälliger zu machen. Liegen nicht im Spielzimmer seiner Kinder ein paar Buntstifte? Er macht sich ans Werk! Die braunen Augen werden in hellblaue verwandelt. Schon besser! Die Lippen könnten etwas sinnlicher wirken. Ein kleiner Strich hier, ein kleiner Strich da – nicht schlecht! Halten wir an dieser Stelle inne.

Könnte es sein, dass Ihnen dieses Vorgehen absurd und lächerlich erscheint? Vermutlich denken Sie: „Der ist verrückt, das Bild wird doch vollkommen wertlos?“ Oder „Dann ist es ja kein Original mehr!“

Zwei Originale? – Idealbild und Realität

Doch genau dieses Retuschieren wird in Beziehungen regelmäßig versucht. Man bemüht sich, den Partner nach den eigenen Vorstellungen zu formen. Dieser Versuch führt zu Konflikten, denn es haben sich zwei Originale geheiratet! Hören wir einige Gesprächsausschnitte aus der Paartherapie:

- *Kannst du bitte aufhören, mich erziehen zu wollen?!!*
- *Ich habe den Eindruck, du willst mich ständig anders haben, als ich bin!*
- *Dann kauf dir doch einen Klon von dir, vielleicht bist du dann glücklicher!*
- *Ich kann es dir nie recht machen, ständig hast du was auszusetzen!*
- *Kannst du nicht wenigstens einmal so sein, wie ich es mir wünsche?*

Konnte man den Partner am Anfang der Beziehung idealisieren und bewundern, landet man mit zunehmender Beziehungsdauer auf dem Boden der Realität. Es fallen Eigenschaften auf, die im siebten Himmel der ersten Verliebtheit keine Rolle spielten. Die Dinge, die uns beim Partner stören oder fehlen, machen jetzt Probleme. Im gelebten Beziehungsalltag ist er oder sie nur noch selten genauso, wie man es sich wünscht. Die Ideal-Vorstellungen und die Realität klaffen auseinander (Abbildung 4.1).

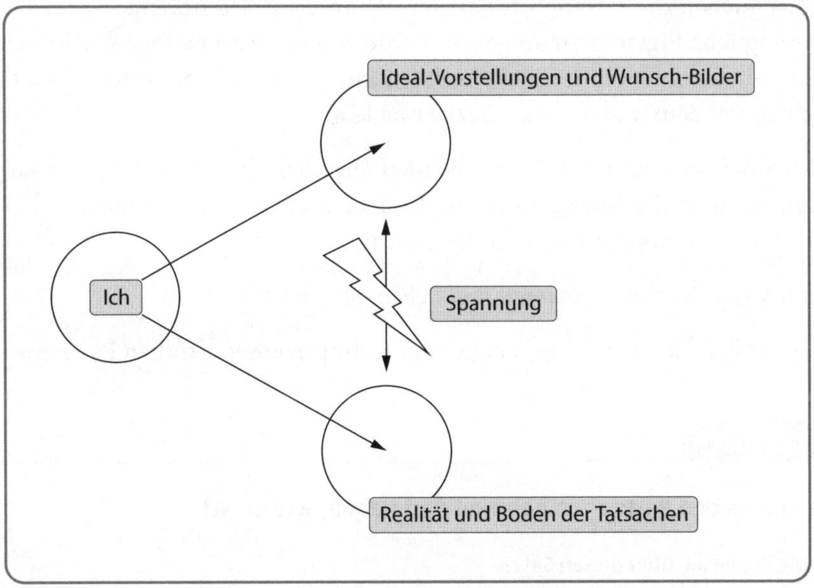

Abbildung 4.1: Idealbild und Realität

Es sind dann die *un*annehmbaren Eigenschaften des Partners, die zu *Un*annehmlichkeiten führen. Im Vordergrund steht nicht mehr das Verbindende, sondern das Trennende.

Es sind die Unterschiede, die in jeder Beziehung Probleme bereiten – nicht die Gemeinsamkeiten! Es sind die Dissonanzen, nicht der Gleichklang.

Wir möchten freundlich sein

Doch warum ist das so? Warum bemühen wir uns, den Partner verändern zu wollen? Ich vermute, es geht letztlich um uns selbst. Wir ertragen die Spannung nicht, die sich durch die Störfaktoren ergibt. Eigenschaften und Verhaltensweisen des Partners berühren unsere Idealvorstellungen – und nicht selten alte Wunden. Das ist unangenehm. Wir wollen innerlich zur Ruhe kommen. Vor allem möchten wir wieder die guten Seiten in uns zeigen! Ärgerlich und frustriert sein zu müssen gefällt uns im Grunde nicht. Das kostet Energie und Nerven. Es passt nicht in das positive Bild, das wir von uns selbst aufgebaut haben.

Doch wir suchen die Lösung im Partner. Wenn er dieses störende Verhalten oder diese unsägliche Eigenschaft aufgeben würde, könnte man endlich wieder der sein, der man sein möchte: Ein freundlicher Mensch, zugewandt und voller Liebe für den Menschen, mit dem man in einer Beziehung lebt.

Mit den Störfaktoren und dem Trennenden angemessen umzugehen ist eine große Herausforderung, die Königsdisziplin. Zusätzlich erschweren romantische Vorstellungen eine konstruktive Auseinandersetzung.

Man muss den Partner so nehmen und lieben, wie er ist!

So oder ähnlich lautet ein Dogma über das Gelingen einer erfüllten Partnerschaft.

REFLEXION

Man muss den Partner so nehmen und lieben, wie er ist!

1. Wie denke ich über diesen Satz?

___

___

2. Fällt es mir leicht oder schwer, meinen Partner so zu lassen, wie er ist?

___

___

3. Vorsicht, Perspektivwechsel! Was stört sie / ihn an mir?

___

___

4. Wie geht er mit meinen Macken und Besonderheiten um?

___

___

Den Partner zu lieben, wie er ist – mit seinen Schattenseiten –, ist ein großer Anspruch! Möglicherweise gelingt es, die störenden Eigenschaften des Partners anzuerkennen – sie anzunehmen und sogar zu mögen erscheint wie eine „Mission impossible". Wie schwer es ist, den Partner in seiner Andersartigkeit zu lieben, verdeutlicht der folgende Dialog eines hilflosen Paares:

Liebe allein reicht nicht

EVELYN: *Ich liebe dich!*
PIET: *Ich dich auch!*
EVELYN: *Ich glaube, so kommen wir nicht weiter!*

Die beiden haben recht, denn die störenden Unterschiede bleiben bestehen. „Liebe heilt alle Wunden" ist ein verbreiteter Irrglaube, dem auch Evelyn und Piet aufgesessen waren. Doch Liebe allein reicht nicht. Im Gegenteil, sie kann sogar verloren gehen, wenn man versucht, mit Liebesgefühlen alle Konflikte zu übertünchen. Sie erstickt dann an Sauerstoffmangel. Der Boden einer Beziehung muss hin und wieder beackert und umgegraben werden. Ein Paar muss oft mühsam um den richtigen Umgang mit den schwierigen Themen ringen. Wie kompliziert und widersprüchlich das im Einzelfall sein kann, zeigt das Gespräch zwischen Gabriele und Hans im folgenden Abschnitt.

Nimm mich so an, wie ich bin – Gabriele und Hans

HANS: *Ich möchte von dir so angenommen werden, wie ich bin!*
GABRIELE: *Aber das kann ich nicht, schließlich tun mir manche Sachen, die du sagst, weh!*
HANS: *Das meine ich ja gar nicht. Ich möchte grundsätzlich angenommen werden!*
GABRIELE: *Wie soll ich dich so annehmen, wie du bist, wenn ich dich unerträglich und verletzend empfinde?! Ich verstehe ehrlich gesagt nicht, was du damit meinst?!*

Hans und Gabriele reden von zwei unterschiedlichen Dingen. Hans spricht von einer Sehnsucht, sich als Person und Mensch angenommen zu fühlen. Gabriele bezieht sich hingegen auf sein Verhalten! Das ist ein wichtiger Unterschied. Doch warum tut Hans sich so schwer damit, sein Verhalten zu ändern? Aus welcher Quelle entspringt seine Sehnsucht? Warum wird er so verletzend? Die Antworten werden klarer, wenn man tiefer gräbt und einen Blick auf die Wurzeln im Elternhaus wirft.

Hans wurde früh im Leben verunsichert. Seine Mutter hatte mehrfach versucht, sich das Leben zu nehmen. Immer wieder inszenierte sie Situationen, in denen sie rechtzeitig gefunden werden konnte. Erst später stellte sich heraus, dass sie an Wahnvorstellungen litt. Es kam zu Äußerungen, die sich gegen den Sohn richteten. Er wurde als böse beschimpft, als jemand, der keine Existenzberechtigung hat. Hans lebte in ständiger Angst, sie zu verlieren. In ihm entstand der Eindruck, sein Schicksal sei der Mutter vollkommen gleichgültig. Eine große Verunsicherung breitete sich aus, er zweifelte an sich und seinem Liebeswert.

Hans: *Es ist mir erst jetzt klar geworden, dass ich immer Angst hatte, morgen könnte alles vorbei sein. Erst durch unsere Gespräche habe ich mich daran erinnert, wie oft ich selbst nicht mehr leben wollte. Ich wollte meine Mutter immer fröhlich stimmen, doch das hat nie geklappt. Ich habe mich gefragt, warum sie mich so ablehnt. Bin ich es denn nicht wert, dass sie mich gut behandelt?*

Die Tragik und Komik des Wiederholungszwangs

Vor diesem Hintergrund wird sein Wunsch, bedingungslos geliebt zu werden, verständlich. Andererseits neigt er in Konflikten dazu, verletzend zu werden. Es ist zu vermuten, dass in Streitsituationen unmerklich das Kind in ihm Angst bekommt, verlassen zu werden. Es droht dann die alte Entwertung seiner Person. Diesen Schmerz wehrt er ab und verletzt stattdessen seine Frau durch spitze Bemerkungen und negative Urteile. So, als würde ein Teil der entwertenden Mutter in ihm weiterleben und in stressbehafteten Situationen aus ihm herausbrechen.

Hans: *Ich bin manchmal sogar wie meine Mutter und haue Sachen raus, die mir grad durch den Kopf gehen. Es ist so selbstverständlich, das zu tun. Ich empfinde es in dem Moment genauso, wie ich es sage. Ich habe bisher nie einen Grund gesehen, mich infrage zu stellen. Aber das bekommt jetzt Risse, weil ich sehe, wie Gabriele darunter leidet. Ich habe das ausgeblendet, ich musste ja früher auch allein damit klarkommen.*

Gabriele weiß um die tragische Geschichte ihres Mannes. Doch trotz aller Empathie für das Kind in ihm möchte sie nicht verletzt werden. Sie möchte, dass er sein Verhalten ändert.

REFLEXION

1. Welche Verhaltensweise stört mich bei meinem Partner am meisten?

2. Was genau löst sie in mir aus?

3. Berührt sein Verhalten eine negative Erfahrung, die ich bereits aus meiner Familie oder aus früheren Beziehungen kenne?

4. Habe ich eine Vorstellung davon, warum er sich so verhält?

5. Kann ich ihm vermitteln, welche Gefühle sein Verhalten in mir auslöst?

6. Hat er dafür Verständnis?

7. Ist er bereit, mich ernst zu nehmen und sich um eine Verhaltensänderung zu bemühen?

Gabriele kennt die Erfahrung, verbal entwertet zu werden, ebenfalls aus ihrer Ursprungsfamilie. Der Vater ließ kein gutes Haar an ihr, wenn sie seinen Ansprüchen nicht genügte. Als Tochter eines strengen Lehrers musste sie Strafpredigten über sich ergehen lassen, wenn die Schulnoten nicht gut genug waren.

GABRIELE: *Ich kam mir dann klein und nichtig vor. Umso mehr habe ich mich angestrengt, meinem Vater zu gefallen. Ich wollte, dass er mich gut findet, doch das ging nur über Leistung. Das Gefühl, sonst seine Anerkennung nicht verdient zu haben, sitzt tief. Als wäre ich wertlos, wenn ich es nicht schaffe, gut zu sein.*

Historische Wunden

Die Ironie in der Beziehung von Hans und Gabriele ist, dass auch Hans sich gestört fühlt. Beide re-inszenieren emotionale Erfahrungen aus Kindheitstagen. So, als würden die verletzten Kinder in ihnen die gute Mutter und den guten Vater beim jeweils anderen suchen. Ein verständliches Bemühen, doch meist zum Scheitern verurteilt.

HANS: *Die streberhafte Sucht nach Anerkennung für das, was du gut gemacht hast, nervt mich schon. Ich komme mir dann vor wie Big Daddy, der die Kleine für alles loben soll, was sie wieder toll gemacht hat.*

Für Hans und Gabriele geht es darum, sich selbst um ihre verletzten Seiten zu kümmern und gleichzeitig den Partner darum zu bitten, sein Verhalten zu ändern.

Ist ein Paar länger zusammen, sind derartige Konstellationen zu erwarten. Prägende Vorerfahrungen und historische Wunden melden sich, wenn man sich näherkommt. Einige Erfahrungsberichte:

PAOLA: *Ich will meinem Freund nicht immer hinterherlaufen und dann klein beigeben. Das habe ich schon als Kind bei meiner Mutter gemacht. Immer musste ich mich unterwerfen! Damit ist jetzt Schluss!*

TOBIAS: *Ich will nicht immer als Last empfunden werden, als jemand, der nur im Weg steht. Andauernd werde ich übersehen. Als wäre ich nur ein nettes „Nice to have“! Das kenn ich schon von meinem Vater.*

NADINE: *Ich will mich nicht um dich kümmern müssen und ein schlechtes Gewissen gemacht kriegen, wenn ich es nicht tue, weil ich an mich denke. Das habe ich zur Genüge mit meiner Mutter erlebt!*

Wir begegnen uns selbst

Paartherapeuten ist die Wirkungsmacht von Projektionen vertraut. Man sieht etwas in den Partner hinein und arbeitet sich dann daran ab. Dieser ist darüber zwangsläufig irritiert und verärgert, weil er den Eindruck hat, nicht richtig gesehen zu werden. In diesen Fällen lohnt es sich, einen Perspektivwechsel vorzunehmen.

Ich möchte Sie mit dem Gedanken vertraut machen, dass Sie in einer Beziehung sich selbst begegnen. Besonders dann, wenn Sie Ihr Gegenüber unmöglich finden, kann es sein, dass Sie den Schattenseiten Ihrer Kindheit begegnen.

Die Sichtweise, im Spiegel des Partners sich selbst zu begegnen, sollten Sie zumindest in Betracht ziehen. Das hilft dabei, die horizontale Ebene zu verlassen und auf der vertikalen Ebene der Selbsterforschung an sich zu arbeiten. Zugegeben, das ist anspruchsvoll, doch oft ist die Energie dort besser aufgehoben. Ihr Partner wird es Ihnen danken, wenn Sie die Pfeile der Projektion im Köcher lassen!

Kurs halten

Ich bin nicht für das verletzte Kind in meinem Partner verantwortlich – dennoch ist es gut, ihm mit Wohlwollen zu begegnen!

4.2 Gewinn- und Verlustrechnung

Meiner Erfahrung nach ändern Partner ihr Verhalten nicht ausschließlich deswegen, weil der Partner es sich wünscht. Es geht vielmehr darum, eine innere Bereitschaft dazu zu entwickeln. Diese entsteht dann, wenn man erkennt, welche Nachteile das eigene Verhalten hat und wie es einem letztlich in Form einer gestörten Beziehung vor die Füße fällt. Außerdem sollten die Vorteile eines neuen Verhaltens klar erkennbar sein. Wenn man etwas aufgibt, gleichgültig wie negativ es ist, bedeutet es einen Verlust. Es muss deutlich werden, was man stattdessen gewinnen kann. Ich möchte Sie zu einem kleinen Selbsttest ermuntern. Er lautet: Sich an die eigene Nase fassen!

REFLEXION

Einfach tun, was der Partner verlangt

1. Wie hoch ist die Wahrscheinlichkeit, dass ich mich ändere und das störende Verhalten aufgebe, („nur") weil mein Partner das möchte?

___

___

2. Wie hoch ist die Wahrscheinlichkeit, dass ich mein Verhalten ändere, ohne dass mein Partner sich ebenfalls ändert?

___

___

3. Was kann ich gewinnen, wenn ich mein störendes Verhalten aufgebe?

___

___

4. In welcher Weise kann unsere Beziehung davon profitieren?

___

___

Aus der Paarforschung ist bekannt, welche Faktoren sich positiv auf die Zufriedenheit mit einer Partnerschaft auswirken. Ein wichtiger Punkt ist der, sich vom Partner beeinflussen zu lassen und seine Belange ernst zu nehmen. Dazu eine kleine Anekdote.

Die Hausschuhe

Vor einigen Jahren traf ich im Urlaub ein Paar, das mich abends in einer griechischen Taverne um Rat fragte. Die Frau erzählte, wie sehr es ihren Mann stört, wenn sie im Haus mit klappernden Badelatschen umherläuft. Es stehe ihm doch nicht zu, ihr vorzuschreiben, was sie an den Füßen zu tragen habe. Was sie denn da tun solle? Sie fragte mich, was ich tun würde? Da mir ein vergleichbares Thema aus meiner Ehe vertraut war, antwortete ich spontan: „Ich würde andere Hausschuhe anziehen!" Sie war baff: „Was? So einfach kann man das Problem lösen, ganz ohne Machtkampf?!"

Ja, das ist möglich! Der erste Schritt besteht darin, sich zu fragen, wie viel mir mein Partner bedeutet. Wenn er mir wichtig ist, fällt es leichter, zu seinem Wohlbefinden beizutragen – ohne mich selbst über Gebühr aufzugeben! Dies abzuwägen ist ein fortwährender Balanceakt, der nicht nur einmal durchlaufen wird. Ein Spannungsfeld, in dem sich jedes Paar bewegt.

Kehren wir zu Hans und Gabriele (vgl. Abschnitt 4.1.3) zurück. Sie bemühen sich darum, einen besseren Umgang mit ihren Ängsten und Verletzungen zu finden:

In manchen Momenten mag ich dich nicht!

THERAPEUT: *Sie haben beide festgestellt, dass Sie beim anderen nach etwas suchen, das Sie im Elternhaus vermisst haben. Wie denken Sie heute darüber?*

HANS: *Ich weiß nicht so recht, was ich damit anfangen soll. Es ist doch normal, dass ich von meiner Frau angenommen werden möchte, oder etwa nicht? Immer auf Ablehnung zu stoßen ist doch nicht so toll.*

GABRIELE: *Darum geht es mir nicht. Natürlich kann ich dich annehmen und dich mögen. Aber eben nicht in den Momenten, in denen du diese hässliche und verletzende Seite zeigst. Ich muss mich schützen! Dann kann ich mich dir nicht zuwenden.*

THERAPEUT: *Hans, können Sie das nachvollziehen?*

HANS: *Ja, aber mich stört dieses unterwürfige Verhalten. Sie ist verletzt und heischt dann wie ein Kleinkind nach Lob und Anerkennung. Ich kann sie dann nicht ernst nehmen und es verwirrt mich auch.*

THERAPEUT: *Und Sie, Gabriele? Können Sie nachvollziehen, dass Hans Ihr großer Wunsch nach Anerkennung und das unterwürfige Verhalten stören und irritieren?*

GABRIELE: *Ja, es ist mir sogar vor mir selbst peinlich. Ich will das eigentlich auch nicht mehr, rutsche aber immer wieder da rein.*

Es ist deutlich geworden, dass beide an sich und ihren Verhaltensmustern arbeiten müssen.

Klein Erna: Du bist doof!

Kennen Sie die Geschichte von Klein-Erna und Klein-Fritzchen? Nein? Klein-Erna ist wütend und beschimpft Klein-Fritzchen: „Du bist doof!“ Ihre Mutter bekommt diese Äußerung mit und ermahnt ihre Tochter: „Klein-Erna, so etwas sagt man nicht. Entschuldige dich bitte sofort bei deinem Spielkameraden!“ Klein-Erna murrt und tut letzten Endes doch das, was die Mutter von ihr verlangt: “Klein-Fritzchen, tut mir leid, dass du so doof bist!“

Es gibt viele Dinge, die man in einer Beziehung „doof" finden kann. Das Spektrum reicht von Marotten, schlechten Angewohnheiten und scheinbar Banalem bis hin zu gravierenden Ärgernissen. Eine kleine Auswahl, die ich aus Gesprächen mit Paaren zusammengetragen habe:

Störende Verhaltensweisen, Manieren und Eigenschaften

- Absprachen nicht einhalten
- Unpünktlich sein
- Sich während eines Gespräches nicht in die Augen sehen
- Monologe halten
- Laut schreien
- Schweigen
- Schlecht über andere reden
- Zu viel trinken, kiffen, koksen, Pornos konsumieren, Serien gucken
- Beim Spaziergang immer vorpreschen
- Abwertende Bemerkungen in Gegenwart anderer
- Kosenamen verwenden, die man nicht mag
- Lebensmittel aufbrauchen, ohne zu fragen
- Lauthals ungehemmt lachen
- Schimpfworte
- Babysprache benutzen
- Eine leere Toilettenpapier-Rolle nicht durch eine neue ersetzen
- Am Frühstückstisch krümeln, ohne die Krümel wegzumachen
- Benutztes Geschirr stehen lassen
- Schmutzige Wäsche liegen lassen

Schlechte Manieren

- Während des Kauens reden
- Schmatzen
- Gähnen mit offenem Mund
- Sich am Tisch rumfläzen
- In der Nase bohren
- Pupsen
- Im Stehen pinkeln
- Auf den Boden spucken
- Spuren im WC nicht entfernen
- Beim Zähneputzen laut gurgeln
- Schmutzige Kleidung tragen

Störende Eigenschaften

- Zwanghaft auf Sauberkeit und Ordnung achten
- Unordentlich und chaotisch sein
- Penibel sein
- Alles muss perfekt sein
- Harmoniesüchtig sein
- Unzuverlässig sein
- Geizig sein
- Ungerecht sein
- Egoistisch sein
- Die Tendenz, alles negativ oder positiv zu sehen
- Großzügig sein
- Stoisch sein, kaum Gefühle zeigen
- Zu emotional sein
- Über eigene Witze lachen
- Eigenbrötler sein
- Rampensau sein
- Unflexibel sein
- Zu offen und spontan sein
- Zu ehrgeizig sein
- Workaholic sein
- Disziplin als höchstes Gut

Alles ist relativ

Joachim Ringelnatz: *Jeder spinnt auf seine Weise, der eine laut, der andre leise*

Bedenken Sie: Charakter-Eigenschaften existieren nicht im luftleeren Raum, sondern äußern sich in konkreten Verhaltensweisen. Die Beschreibung von Eigenschaften habe ich gewählt, weil sie in Zuschreibungen („Du bist immer so …“) in fast jeder Beziehung eine Rolle spielen. Ob eine Eigenschaft als angenehm oder störend erlebt wird, hängt von der Form und dem Ausmaß ab, wie sie gelebt und erlebt wird. Und davon, in welchem Kontext sie steht.

Penibel auf Ordnung und Sauberkeit zu achten kann eine positive Eigenschaft sein, wenn die Steuererklärung ansteht oder jemand erkrankt ist und Infektionen vermieden werden sollen. Muss vor dem Sex erst das Bettlaken mit dem Lineal faltenfrei gerichtet werden und jeder feuchte Kuss gleich mit dem Taschentuch von den Wangen gewischt werden, kann das stören. Man genießt die Offenheit des Partners, wenn man allein ist. Plaudert er gegenüber Dritten über intime Details aus Ihrem

Beziehungsleben, ist das unangenehm. Fleißig und arbeitsam zu sein sichert die finanzielle Sicherheit. Zu viel zu arbeiten geht auf Kosten der Beziehung.

Auf dem Boden der Realität liegt eindeutig zu wenig Glitzer, sagt man. Es gibt einen Weg, diesen aufzupolieren und wieder mehr Glanz in die Beziehung zu bringen. Dazu sind einige Vorarbeiten erforderlich. Die folgende Übung kann dabei helfen. Erstellen Sie eine nüchterne Bestandsaufnahme:

Wie mein Partner nicht ist

1. Er / sie ist nicht ...

____

____

____

2. Was mich am meisten stört, ist ...

____

____

____

3. Mein zentraler Vorwurf an ihn / sie lautet:

____

____

____

4. Das führt bei mir zu ...

____

____

____

5. Wenn er / sie anders wäre (so, wie ich es mir vorstelle), dann könnte ich ...

____

____

____

Auswertung

Es ist wichtig, die Phase der Vorwürfe hinter sich zu lassen und den Partner über das eigene Erleben zu informieren. Es geht nicht darum, in heftige Gefühle einzutauchen, sondern darüber zu berichten, welche Auswirkungen Verhaltensweisen haben. Die Kunst besteht darin, sachlich über Gefühle zu reden. Ein Balanceakt, der immer wieder geübt werden muss.

Für den Partner ist es überraschend zu hören, was er gewinnen könnte, wenn er sein Verhalten ändert. Indem Sie ihm mitteilen, welche Seite erneut oder erstmalig zum Vorschein kommen könnte, kann er darüber nachdenken, wie wichtig ihm dies ist. Er hat dann wie der Esel eine Mohrrübe vor Augen und ist motivierter, an sich zu arbeiten.

Ein Beispiel:

1. *Er ist nicht großzügig.*
2. *Was mich am meisten stört, ist seine übertriebene Sparsamkeit. Er lädt mich nie zum Essen ein.*
3. *Er ist geizig und sieht nicht, was er alles von mir bekommt.*
4. *Das führt bei mir dazu, auch nicht mehr großzügig zu sein. Ich fühle mich ausgenutzt und nicht wertgeschätzt. Dann werde ich trotzig und wende mich ab. Ich habe dann keine Lust mehr, ihm Zuwendung zu geben oder etwas für ihn zu tun.*
5. *Wenn er etwas großzügiger wäre und mich manchmal zum Essen einladen würde, würde meine Liebe wieder fließen. Ich vermute, ich wäre dann zärtlicher und zugewandter.*

Kurs halten

Ich erkenne an:

Du bist nicht so, wie ich es mir wünsche.

Du bist nicht immer so, wie ich dich brauche.

Ich wünsch es mir dennoch und lasse gleichzeitig los!

Eine kleine Utopie

Stellen wir uns das fiktive Paar Daniela und Frank vor. Sie ziehen immer an einem Strang und haben die gleichen Vorstellungen darüber, wie sie die Kinder erziehen wollen. Ihre sexuellen Vorlieben teilen sie zu 100 % miteinander. Die Frequenz ihrer amourösen Begegnungen ist für beide stimmig. Sie verdienen gleich. Daniela und Frank interessieren sich für Reisereportagen und anspruchsvolle Literatur. Vor dem Kinobesuch gibt es keine Diskussionen, denn sie teilen das Faible für Romanverfilmungen und Hollywood-Komödien. Daniela liebt die Musik, die Frank gerne hört. Sie reisen zusammen in südliche Gefilde, lieben die Sonne und das Meer.

Sie sind großzügig und haben den gleichen Geschmack im Hinblick auf die Einrichtung ihrer Wohnung. Ihre Vorstellungen von Sauberkeit und Ordnung sind deckungsgleich. Daniela und Frank engagieren sich in der gleichen Partei und lieben es, zusammen Tennis zu spielen. Daniela versteht, was Frank denkt und fühlt. Frank kann mühelos erfassen, wie es ihr geht und was sie braucht. Sie sind gern und füreinander da.

Zum Glück ist dieses Paar nur Fiktion! Wäre die Beschreibung von Mr. und Mrs. Perfect zutreffend, wüsste man nicht, woher Konflikte kommen sollten. Ein Problem kann per Definition erst dann entstehen, wenn aus dem Gleichklang eine Dissonanz wird. Etwa wenn Frank etwas anderes möchte als Daniela oder Daniela anderer Meinung ist als Frank. Dann fängt es an, für das Paar spannend zu werden. Denn aus der Harmonie des Einklangs wird das Spannungsfeld der Unterschiede. Daniela ist plötzlich nicht mehr so, wie Frank sie gern hätte. Frank ist auf einmal anders, als es Daniela vorschwebt.

4.3 Die Kunst, sich zuzumuten – Teil 1

Die Sehnsucht nach einer harmonischen Partnerschaft trägt wohl jeder in sich. Man wünscht sich Gleichklang und wohlwollende Resonanz, alle Dating-Portale werben damit. Doch in jeder Beziehung tauchen früher oder später Dissonanzen auf. Dann wird deutlich, dass es Bereiche gibt, in denen man besonders sensibel ist. Man wird mit der eigenen Persönlichkeit konfrontiert und spürt, dass es Dinge gibt, die man auf gar keinen Fall hinnehmen kann, weil sie den eigenen Seelenfrieden massiv stören. Dann bedarf es der Kunst der Zumutung. Man mutet sich selbst zu, ein unangenehmes Thema auf den Tisch zu legen. Und, man mutet dem Partner zu, sich damit auseinanderzusetzen. Ein Beispiel:

Ines und David befinden sich in der Anfangsphase ihrer Beziehung. Sie kennen sich seit einigen Monaten. Grundsätzlich fühlen sie sich wohl miteinander. Doch es gibt einen Punkt, der Ines massiv stört. David hat ihr an einem Abend im Restaurant anvertraut, dass er mit seiner vorherigen Freundin einen Swinger-Club aufgesucht hat und das interessant fand. Regelmäßig Pornos anzuschauen findet er normal, er sei ja schließlich ein Mann.

INES: *In Pornos werden Frauen zum Objekt gemacht. Ich empfinde das äußerst entwertend und abstoßend. Ich fange an, mich zu verschließen. Einige meiner Freundinnen sagen, das wäre normal, Männer würden halt gern Pornos gucken. Auf einmal stehe ich alleine da und frage mich, ob ich normal bin. Stimmt mit mir was nicht? Ich bin total zerrissen. Muss ich mich jetzt von ihm trennen? Wenn alle Männer so sind, dann werde ich nie einen passenden Mann finden.*

Ines gerät in ein Dilemma. Mit der Einstellung und dem Verhalten ihres neuen Partners ist sie nicht einverstanden? Sie möchte als Frau nicht zum Objekt gemacht werden und fürchtet, David könnte auch sie so betrachten. Einen Swinger-Club zu besuchen kommt für sie nicht infrage. Sie legt Wert auf Exklusivität. Daniela ist verunsichert, weil sie nicht weiß, wie David reagiert, wenn sie ihn mit ihren Ansichten konfrontiert.

INES: *Fast schäme ich mich dafür, dass ich so bin, wie ich bin. Aber ich kann das nicht übergehen. Ich muss mit ihm über sein Bild von Frauen sprechen und ihm sagen, dass ich keine Frau für einen Swinger-Club bin. Ich habe große Angst, dass er sich von mir trennt oder ich mich trennen muss, wenn er für mich kein Verständnis zeigt.*

Ines muss sich entscheiden. Will sie sich selbst verleugnen und künftig still in dieser Beziehung leiden? Oder nimmt sie ihr Herz in die Hand und steht zu sich selbst? Sie entscheidet sich, dass Risiko einzugehen und mit David zu sprechen.

INES: *Es ist mir schwergefallen, aber es ging. Ich hatte große Angst, dass er mich für prüde und altmodisch hält. Am Anfang hat er gemauert und sich verteidigt. Aber es ist mir gelungen, meinen Standpunkt zu vertreten. David hat zugegeben, dass meine Sichtweise auf Pornos neu für ihn ist. Er konnte mir folgen und ich fühlte mich ernst genommen. Wir haben lange miteinander gesprochen und ich habe gemerkt, wie viel ich ihm bedeute. Ich konnte mich wieder auf ihn einlassen und bin froh, zu mir gestanden zu haben.*

Der Weg, den Ines gegenüber ihrem Freund beschreitet, ist richtig. Eine Studie über Kommunikationsstile von Männern und Frauen kommt zu dem Ergebnis, dass Männer Beziehungsgespräche tendenziell unangenehmer finden als Frauen. Die Forscher empfehlen eine nüchterne Vorgehensweise: Das Störende soll klar beim Namen genannt werden. Man sollte nicht lockerlassen, bis eine zufriedenstellende Lösung gefunden ist. Das gilt letztlich für beide Partner. Blümchenhafte Umschreibungen für das, was man sagen will, helfen nicht weiter. Paare, die gelernt haben, den unbequemen Weg der klaren Ansprache zu gehen, waren nach drei Jahren messbar zufriedener als Paare, die nicht auf den Punkt kamen.

Kurs halten

Ich mute mich dir
mit meiner Einzigartigkeit zu!

Ihr Partner ist immer noch nicht so, wie Sie es gern hätten? Dann lesen Sie die folgende Geschichte von Nossrat Peseschkian (aus: „Der Kaufmann und der Papagei“, 1979). Sie könnte aus der Perspektive einer Frau selbstverständlich auch „Der perfekte Mann“ lauten.

Die perfekte Frau – der perfekte Mann

Mulla Nasrudin saß in der Teestube, als ein Freund aufgeregt hereinkam und ihn sprechen wollte. „Ich werde heiraten, Mulla“, begann sein Freund, „und ich bin ganz aufgeregt. Mulla, hast du jemals selbst daran gedacht zu heiraten?“

Nasrudin antwortete: „Doch, ich habe einmal daran gedacht zu heiraten. In meiner Jugend wollte ich sogar sehr gerne heiraten. Ich wollte aber die perfekte Frau haben. Ich begab mich auf Reisen, um sie zu finden, zuerst nach Damaskus. Dort begegnete ich einer schönen Frau, die graziös, freundlich und sehr spirituell war, aber sie hatte kein weltliches Wissen.

Ich reiste weiter und kam nach Isfahan. Dort begegnete ich einer jungen Frau, die spirituell und weltlich war, in vielerlei Hinsicht schön, aber wir konnten kein gutes Gespräch miteinander führen.

Schließlich ging ich nach Kairo, und dort fand ich sie endlich. Sie war von einer tiefen Spiritualität, graziös, in dieser Welt und in den jenseitigen Welten zu Hause. Ich wusste, dass ich die perfekte Frau gefunden hatte.“

Sein Freund wollte wissen: „Aber du hast sie nicht geheiratet. Warum, Mulla?“

„Nein“, sagte Nasrudin und schüttelte den Kopf, „sie wartete leider auf den perfekten Mann.“

5. | Beziehungsvorstellungen abgleichen

5.1 Unverbunden und doch zusammen – Carola und Fabian

Mein Mann ist Steinbock, ich bin Widder – im Urlaub sind wir beide Streithammel!

Wir alle tragen Bilder und Ideen in uns, wie eine glückliche oder zumindest zufriedenstellende Beziehung aussehen soll. Es ist aufschlussreich und spannend, sie von innen nach außen zu bringen, indem man sie zeichnet – und zwar *ohne* Worte! Ein Bild hilft dabei, einen Überblick zu erhalten! Das Augenmerk liegt in diesem Kapitel nicht darauf, wie Sie *Ihren Partner* sehen, sondern auf dem Bild, das Sie von Ihrer *Beziehung* haben und welches Ihnen vorschwebt.

Ich bitte Paare darum, zwei Kreise auf ein großes Blatt Papier zu malen. In den einen Kreis zeichnen sie das *aktuelle* Bild von sich und ihrer Beziehung. In den anderen ein Bild dazu, wie sie die Beziehung gerne hätten. Nüchtern betrachtet, wird dadurch der subjektive Ist- und der Soll-Zustand der Beziehung erfasst – und zwar zunächst von jedem allein.

Zur Verdeutlichung stelle ich ein Paar und dessen Anliegen ausführlicher vor. Ein Blick auf ihre Bilder hilft dabei, einen Eindruck von dessen Beziehungsvorstellungen zu bekommen. Die Bilder dienen zur Orientierung und geben die Richtung vor.

Carola und Fabian sind seit 15 Jahren zusammen und seit 13 Jahren verheiratet. Sie sind ein attraktives Paar, gebildet und gut aussehend. Er arbeitet als Werbefotograf, sie als Web-Designerin. Sie haben zwei Söhne (11 und 10) und eine Tochter (8). Sie berichten davon, dass ihre Ehe in Gefahr ist. Fabian wirkt anfänglich sehr gehemmt, atmet kaum und ist in sich versunken. Er hat Angst, seine Frau zu verlieren, und erscheint zugleich einsam. Aus seiner Not heraus hat er – in Absprache mit seiner Frau – den Kontakt zu mir aufgenommen. Carola ist freundlich, aber auch zornig. Sie hält ihren Unmut zurück und ist emotional verhungert. Das kennt sie aus ihrer Ursprungsfamilie. Sie findet, er solle was für sich tun und an sich arbeiten. Sie hat erkannt, dass sie selbst auch Schwierigkeiten hat. Ihr liegt an der Beziehung. Fabian ist durch diese Aussage sichtlich beruhigt.

Ich stehe alleine da, irgendwie verloren

Fabian ist frustriert und fühlt sich zurückgewiesen. Die Versuche, sich seiner Frau anzunähern, finden keine Resonanz. Dies zeigt sich deutlich in Bezug auf körperliche Nähe:

Jede sexuelle Initiative geht auf meine Frau zurück. Meine Impulse werden nicht aufgegriffen. Ich stehe dann allein da, irgendwie verloren.

Carola schildert ihr Dilemma:

Wenn er so verletzt und traurig ist, dann möchte ich ihn trösten. Aber eigentlich geht es doch um mich. Ich will mich nicht verausgaben und mich um ihn kümmern müssen. Ich sehe in ihm ein schwarzes Loch, das ich füllen soll. Das kann und will ich nicht. Um ihm körperlich wieder nah sein zu können, brauche ich mehr Verständnis und gute Gespräche, in denen ich vorkomme und wahrgenommen werde.

Fabian geht es ähnlich:

Manchmal spüre ich ihre Verzweiflung und möchte sie trösten, aber Carola lässt mich nicht an sich heran. Sie ist oft verschlossen und unnahbar. Für mich ist eine körperliche und sexuelle Begegnung ein Weg, ihr nah zu sein. Mir fehlt das.

Wie man hört, meinen es beide gut mit dem anderen. Sie suchen die Nähe des Partners und können sich dennoch im Moment nicht erreichen. Werfen wir einen Blick auf ihre Bilder (Abbildungen 5.1–5.4):

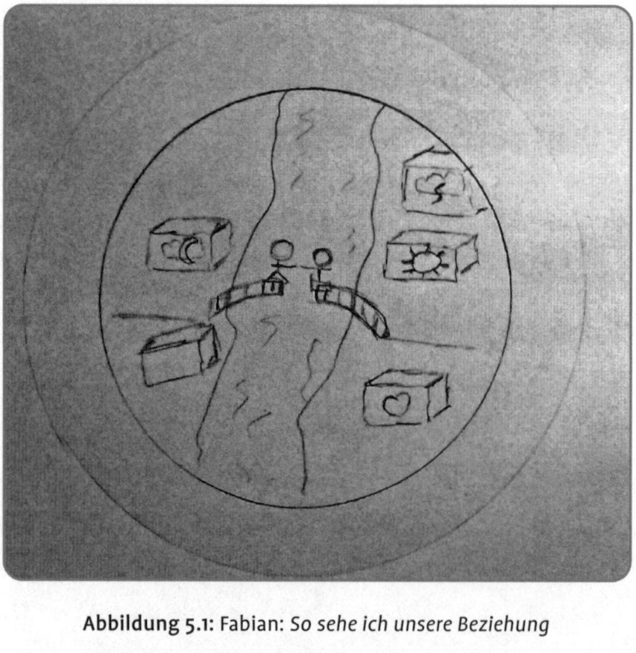

Abbildung 5.1: Fabian: *So sehe ich unsere Beziehung*

Es ist so, als würden wir an unterschiedlichen Ufern eines Flusses leben. Wir bemühen uns, einander zu erreichen, indem wir Brücken bauen. Doch es gelingt nicht. Die Verbindung ist nicht hergestellt. Da ist ein reißender Fluss. Es besteht Einsturzgefahr. Wir berühren uns manchmal, aber es führt nicht weiter.

Auf beiden Seiten befinden sich Kisten mit ungeöffneten Themen. Denen müssten wir uns, jeder für sich und gemeinsam, zuwenden. Im Moment belasten uns die nicht geklärten Themen, aber es könnten durchaus Schatzkisten sein. Ich glaube daran, dass wir uns viel zu sagen und zu geben haben.

Carola kann mit dem Bild etwas anfangen. Sie stimmt den Erläuterungen ihres Mannes zu. Ihr kommt es so vor, als sei der Fluss in den letzten Jahren breiter geworden. *Es ist schwieriger geworden, Brücken zu bauen. Aber vielleicht können wir auch schwimmen lernen.*

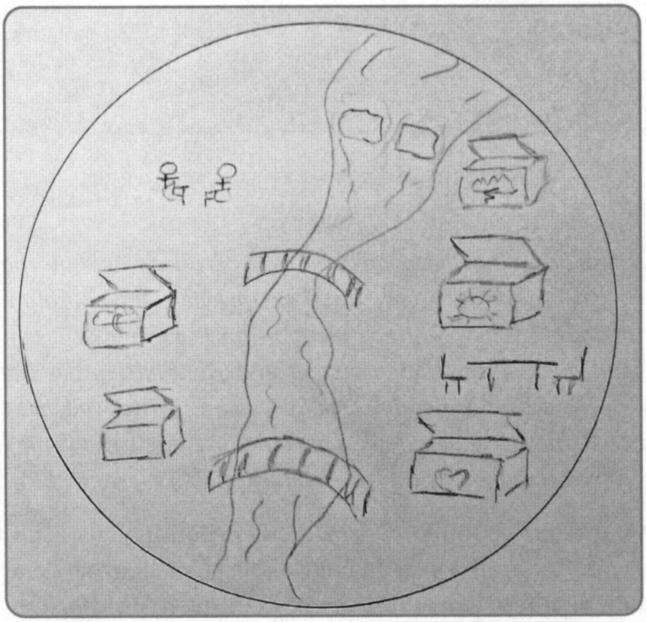

Abbildung 5.2: Fabian: *So wünsche ich mir unsere Beziehung*

Ich wünsche mir Verbundenheit und Dialog. Es sollte mehrere Brücken geben, über die wir uns gegenseitig besuchen. Tische und Stühle sind auf jeder Seite vorhanden. Wir können beim anderen Platz nehmen und uns in Ruhe unterhalten. Die Kisten sind offen, wir tauschen uns über die schwierigen – aber auch die schönen und lustvollen – Themen aus. Ich verstehe besser, was in Barbara vorgeht, und ich kann ihr einen Einblick in mein Seelenleben geben.

Abbildung 5.3: Carola: So sehe ich unsere Beziehung

Ich habe den Eindruck, eingesperrt zu sein. Wir berühren uns und haben Kontakt, aber ich bin wie von einer unsichtbaren Mauer umgeben. Vieles prallt an mir ab. Die Komplimente meines Mannes kann ich nicht an mich heranlassen. Ich höre sie, aber sie kommen nicht an. Es liegen Spannungen und Konflikte in der Luft. Manchmal kommt die Sonne durch. Im Moment ist sie über den Gewitterwolken kaum zu sehen. Für unsere Kinder sind wir gute Eltern. Obwohl wir zurzeit Probleme haben und sie die Spannungen mitbekommen, sind wir ein starkes Eltern-Team.

Fabian bestätigt den letzten Punkt. Er ist außerdem beruhigt, da sich Carola in Kontakt mit ihm sieht. Er erinnert sich an einige Begebenheiten, bei denen seine Komplimente an ihr abprallten: *Warum das so ist, verstehe ich nicht!*

Abbildung 5.4: Carola: So wünsche ich mir unsere Beziehung

Ich wünsche mir eine solide Basis. Da ist ein Baum, der uns Halt gibt. Wir sind nah beieinander und ich kann mich an Fabian anlehnen. Die großen Spannungen sind weg. Die Kinder sind erleichtert, spielen unbeschwert miteinander. Insgesamt ist die Atmosphäre entspannter. Die Sonne scheint, es wird heller.

Nehmen Sie sich einen Moment Zeit. Lassen Sie sich von Carola und Fabian anregen, über Ihre eigene Beziehung nachzudenken.

REFLEXION

1. Wie erlebe ich meine Beziehung? Welche Worte fallen mir dazu sein?

____

____

2. Welches Bild kommt mir in den Sinn, wenn ich diese Beschreibung auf mich wirken lasse?

____

____

3. Wie wünsche ich mir meine Beziehung?

____

____

4. Was müsste ich tun oder lassen, um meinem Wunschbild näher zu kommen?

____

____

5. Was müsste mein Partner tun oder lassen, um dem Wunschbild näher zu kommen?

____

____

Sie möchten vermutlich wissen, wie es mit Carola und Fabian weitergeht. Im weiteren Verlauf der Paartherapie wird deutlich, dass beide tief sitzende Ängste in sich tragen. Fabian lernt, seine Angst in Worte zu fassen:

Ich habe Angst, nicht wichtig zu sein, keine Bedeutung mehr für dich zu haben.

Carola beschreibt ihre Angst so:

Ich fürchte mich davor, allein zu sein – und davor, dass meine Bedürfnisse nicht zählen.

5.2 Die Spuren der Kindheit

Gelingt es, die wesentlichen Ängste zu erfassen, begibt man sich leichter auf die Spurensuche nach den Ursprüngen. Hören wir, wie Carola beginnt, sich ihren wunden Punkten anzunähern:

CAROLA: *Schon seit Beginn unserer Beziehung fühle ich mich nicht abgeholt. Ich bekomme kein Echo!*

THERAPEUT: *Könnte es sein, dass Sie diese Erfahrung nicht nur in Ihrer Beziehung machen, sondern schon früher erlebt haben? Fällt Ihnen dazu etwas ein?*

CAROLA: *Meine Mutter war eine selbstbezogene, narzisstische Person. Es zählte nur Leistung. „Haste was, biste was", lautete ihre Devise. Es war wichtig zu funktionieren, dann ging es ihr gut. Was mit mir war, interessierte nicht.*

Blenden wir an dieser Stelle aus. Es wird deutlich, dass Carola den Schmerz dieser frühen Erfahrungen in sich trägt und bislang kaum an sich herangelassen hat. Sie kennt es aus Kindheitstagen, dass eigene Belange nicht zählen. Für sie ging es stets darum, die Erwartungen anderer zu erfüllen. Tat sie dies nicht, plagte sie ihr schlechtes Gewissen. Die Mutter wandte sich ab und reagierte verständnislos. In der Folge hat sie sich daran gewöhnt, eigene Bedürfnisse zurückzunehmen, um dem Schmerz der Ablehnung nicht weiter ausgesetzt zu sein. Diesen inneren Rückzug spürt Fabian zunehmend. Auch er kommt in Kontakt mit seinen Themen:

CAROLA: *Es ist so, als würde ich mein Dasein rechtfertigen. Als müsste ich mich für meine Bedürfnisse nach Nähe und Körperlichkeit schämen.*

THERAPEUT: *Wie ist es denn bei Ihnen? Könnte es da auch eine Spur in die Vergangenheit geben? Wie sah es in Ihrer Ursprungsfamilie aus? Gab es da Raum für Ihre Bedürfnisse?*

CAROLA: *Nein. Ich musste schon früh allein klarkommen. Wir lebten im Ausland. Ich wurde oft bei Kindermädchen abgegeben. Bei meinen Eltern war nichts zu holen. Ich hatte kaum eine Bedeutung.*

Frühe Beziehungserfahrungen

Auf den ersten Blick sieht es so aus, als hätten beide vergleichbare Themen aus ihren Ursprungsfamilien mit in die Ehe gebracht. Schaut man genauer hin, sieht man unterschiedliche Akzente. Für Carola ist es wichtig herauszufinden, ob sie eigene Bedürfnisse haben *darf* und ob es in Ordnung ist, die Erwartungen anderer zu enttäuschen! Bei Fabian liegt der Schwerpunkt in der großen Verunsicherung und Sorge, ob er überhaupt eine Bedeutung hat. Er trägt die Angst, wieder alleingelassen zu werden, in sich. Fabian ist unsicher, ob er es überhaupt wert ist, dass man sich ihm zuwendet und bei ihm bleibt. Die übergroße Angst, fallen gelassen und verlassen zu werden, ist spürbar – und wird vor diesem Hintergrund verständlicher.

Im weiteren Verlauf der Paartherapie zeigt sich, wie diese tief sitzenden Ängste die Beziehungsdynamik immer wieder anheizen. So reagiert Fabian äußerst eifersüchtig, wenn seine Frau mit Freunden ausgeht und ihre autonome Seite lebt. Er ist verletzt und fühlt sich ausgegrenzt, wenn sie über WhatsApp mit ihren Freunden kommuniziert. Er wird misstrauisch und zweifelt an seinem Wert und seiner Bedeutung für sie.

Im Gegenzug ist Carola hoch ambivalent und testet immer wieder aus, ob er es aushält, wenn sie ihn enttäuscht. Phasenweise hält sie sich nicht an Absprachen und meldet sich nicht wie vereinbart – und verstärkt dadurch die Panik ihres Mannes. Dessen Wünsche nach Kontakt und Information erlebt sie als Kontrolle und Einschränkung ihrer Freiheit.

Fabians Erwartungen an Carola, auf ihn einzugehen, verlässlich zu sein und seine Nähe-Wünsche anzunehmen, stürzen sie in den alten Konflikt mit ihrer Mutter. Sie wirkt wie verstrickt mit ihr und befürchtet unterschwellig, alleingelassen zu werden, wenn sie sich den Bedürfnissen eines anderen verweigert.

Ein zweiter Blick

Werfen wir mit diesem Wissen erneut einen Blick auf die Zeichnungen. Sie lassen Raum für Interpretationen und laden dazu sein, frei zu assoziieren. Gestatten Sie sich eigene Gedanken. Was entdecken Sie in den Bildern?

Ich will die Bilder nicht überinterpretieren und den Anspruch erheben, ihnen vollständig gerecht zu werden. Dennoch möchte ich einige meiner Überlegungen vorstellen.

Ich finde, die tiefe Sehnsucht Fabians nach Verbundenheit und Nähe ist in der Symbolik des Brückenbaus gut ausgedrückt. Möglicherweise spiegelt sich das Erleben des Kindes in der Darstellung der beiden Ufer wider. Waren seine Eltern nicht ebenfalls weit weg und unerreichbar? Musste er schon als junger Mensch fürchten, im Strudel seiner Gefühle weggerissen zu werden und allein zu bleiben?

Stimmig empfinde ich seine Vorstellung der Kisten, die er gerne öffnen möchte. Als hätte er intuitiv erfasst, dass sowohl er als auch seine Frau Themen aus alten, bis dato ungeöffneten Beziehungskisten der Ursprungsfamilie in sich tragen. Zugleich befinden sich in den Kisten viele schöne Dinge. Er kann in der Beziehung einen inneren Reichtum ahnen. Sich diesen perspektivisch erschließen zu können gibt ihm Zuversicht.

Stellt man sich die vermutlich auch innerlich abwesenden Eltern vor, wird sein Wunsch nach einem Austausch über seine Innenwelt und die Empfindungen seiner Frau nachvollziehbar. In seinem Bild bittet er seine Frau zunächst an seinen Tisch. Das Interesse seiner Frau an ihm zu spüren wird den Eindruck verstärken, für sie eine Bedeutung zu haben. Seine diesbezügliche Verzweiflung wird allerdings zum Problem, wenn sein Leben daran hängt: *Wenn unsere Beziehung nicht gelingt, verliert auch alles andere seinen Wert.* Man kann sich vorstellen, wie belastend diese Aussage für Carola ist.

In Carolas Bild scheint mir die Angst vor Bedeutungsverlust nicht im Vordergrund zu stehen. Schließlich vermittelt ihr Fabian oft das Gefühl, wie einzigartig sie ist. Dementsprechend erlebt sie sich mit ihm verbunden und paradoxerweise wie durch eine unsichtbare Mauer getrennt. Auf mich wirkt sie wie im Gefängnis des kindlichen Erfahrungsmusters eingesperrt, aus dem sie sich noch nicht befreit hat. Die Spannung und der Druck, die Erwartungen des Partners erfüllen zu müssen, vermitteln sich. Es scheint fast so, als würde Fabian an ihr ziehen. Die innere Zerrissenheit ist ahnbar.

Einerseits möchte sie endlich die Erfahrung machen, dass ihre Bedürfnisse zählen und sie Nein sagen darf. Andererseits möchte sie ihn nicht verprellen und wieder ein schlechtes Gewissen bekommen. Sie hat ja gelernt, dass die Anliegen der Mutter und das Funktionieren wichtiger sind als ihre Interessen. Es verwundert nicht, dass Carola in ihrem Ziel-Bild ausdrückt, wie gerne sie sich an Fabian anlehnen möchte, ohne gleich wieder mit Erwartungen konfrontiert zu werden.

Halten wir erneut einen Moment inne. Nehmen Sie sich eine kleine Auszeit von den beiden und werfen Sie einen Blick in Ihre eigene Lebensgeschichte.

REFLEXION

1. Welche emotionalen Erfahrungen habe ich in der Kindheit und Jugend gemacht?

____

____

2. Welche Angst oder welchen Schmerz habe ich aus früheren Beziehungserfahrungen mitgebracht?

____

____

3. Wie wirken diese alten Ängste und Befürchtungen in meine aktuelle Beziehung hinein?

____

____

5.3 Brücken bauen

Die Erkenntnis, dass biografische Altlasten störend in ihre Beziehung hineinwirken, führt zunächst zu einer Entlastung. Schließlich hat der andere auch sein Päckchen zu tragen. Die Problematik liegt also nicht nur bei einem selbst. Allerdings sollte man an dieser Stelle nicht stehen bleiben. Es bedarf des sorgfältigen Hinschauens, wo und wie es weitergehen kann. Es gilt, zu differenzieren und einen Blick in die Themen-Kisten zu werfen. Bei Carola und Fabian offenbaren sich weitere Ängste und Zweifel:

CAROLA: *Ich habe Angst vor deiner Missbilligung. Davor, dass du mich verurteilst, wenn ich mich abgrenze und etwas für mich mache.*

FABIAN: *Und ich fürchte mich vor dem Vorwurf, dir was verbieten zu wollen. Dem ist nicht so. Ich möchte dich glücklich machen.*

CAROLA: *Das ist zwar schön, aber mir macht das Druck. Mach auch dich selber glücklich, sonst ist es eine Last. Ich will nicht die Verantwortung für dein Glück übernehmen.*

FABIAN: *Das musst du nicht. Ich will keinen Druck machen. Ich möchte, dass du weißt, wie wichtig du mir bist. Ich möchte mit dir zusammenbleiben und alt werden.*

CAROLA: *Ich bin da nicht so sicher, ob ich diese Vision teilen kann. Irgendwas fehlt mir noch.*

Wie man sieht, steht viel auf dem Spiel. Es geht um die Frage, welche Perspektive die Beziehung hat. Carola ist noch unsicher, ob es wirklich so ist, dass Fabian ihr innerhalb der Beziehung genügend Freiraum für ihre Unabhängigkeit lässt. Sie weiß nicht, ob es möglich ist, seine Erwartungen zu enttäuschen, und er ihr trotzdem wohlgesonnen bleibt. Aus Fabians Kiste taucht überraschenderweise ein weiteres Thema auf:

Fabian: *Du weißt, dass ich dich attraktiv finde. Ich finde unsere Beziehung in den meisten Punkten vollkommen okay. Es ist ja nur die Körperlichkeit, die mir fehlt. Meine Begehren und meine Lust können warten. Manchmal denke ich, dass ich gar nicht attraktiv bin, obwohl ich mit einer attraktiven Frau zusammen bin.*

Carola: *Das berührt mich, aber ich finde mich gar nicht so attraktiv. Manchmal denke ich, du stellst mich auf ein Podest und siehst mich nicht wirklich. Ich finde übrigens, dass ich mit einem attraktiven Mann zusammen bin.*

5.4 Eine neue Intimität

Es ist interessant, dass Carola und Fabian (aus dem vorigen Abschnitt) in ihrem Selbstbild verunsichert sind. Darüber zu sprechen ist für sie ungewohnt. Gleichzeitig entsteht eine neue Intimität, die es möglich macht, über Verunsicherungen im sexuellen Bereich zu sprechen. Carola bemerkt zum ersten Mal, dass sie gehemmt ist, über ihre sexuellen Wünsche zu sprechen. In der Sexualität spiegelt sich der Konflikt, den sie auch mit anderen Bedürfnissen hat. Bislang hatte sie Fabians Erwartungen erfüllt und sich selbst zurückgenommen. Außerdem fällt ihr ein, dass sie von ihrer Mutter oft negative Bemerkungen über ihren Körper gehört hatte.

Es folgt eine Phase des Auf und Ab, in der das Thema „Nähe und Distanz" wichtig wird. Carola empfindet den Wunsch Fabians, Händchen zu halten, zu viel und „übergriffig." Sie hat den Eindruck, er wolle mit seiner Liebe die bestehenden Konflikte zukleistern. Fabian kann diese Rückmeldung nach einer Weile aufgreifen und spürt, wie groß seine Angst ist, etwas falsch zu machen.

All diese Offenbarungen führen dazu, dass beide wieder mehr Zutrauen in ihre Beziehung finden. Sie schätzen die neue Offenheit, die sie bereichernd erleben. Auf meine Anregung hin entkoppeln sie körperliche Zuwendung und Sexualität für eine Weile. Dadurch kann sich Carola besser auf Umarmungen und Zärtlichkeiten einlassen. Ihr ist es wichtig, mehr miteinander zu reden und sich auszutauschen. Da Fabian es gewohnt war, vieles mit sich allein abzumachen, übt er, sich seiner Frau mit beruflichen Ärgernissen anzuvertrauen. Carola freut sich darüber:

Wenn du einfach drauflosredest, ohne alles zu kontrollieren, gefällt mir das. Dann weiß ich, was dich beschäftigt. Früher habe ich fast auf Knien darum gebettelt, dass du den Mund aufmachst. Und es gibt jetzt eine Seite in mir, die sagt: Du bist gut so, wie du bist. Deine Bedürfnisse sind okay.

Es gibt jetzt immer wieder intime emotionale Momente. Carola kann sich mit ihrem Mann zunehmend besser über ihre Gefühle und Bedürfnisse austauschen:

Ich fühle mich von Fabian ernst genommen. Nach einer beruflichen Enttäuschung konnte ich gut mit ihm darüber reden. Er war präsent und hat mir aufmerksam zugehört. Da habe ich seine männliche Stärke gespürt. Es war so wie in dem Bild: Ich konnte mich an ihn anlehnen.

Fabian erlebt ebenfalls positive Veränderungen:

Ich dachte immer, ich muss ganz viel für Sie tun. Einfach nur da zu sein, schien mir zu wenig zu sein. Aber der Teil in mir, der es ihr recht machen will, kann sich besser entspannen. Und wir hatten seit Langem wieder Sex, das war wunderschön. Ich habe den Eindruck, dass auch unsere Kinder wieder entspannter sind. Als würden Sie spüren, dass ihre Eltern gelassener geworden sind.

Den beiden ist es gelungen, Brücken zu bauen und Wege zueinander zu finden. An dieser Stelle kann man über das Ende der Paartherapie nachdenken. Carola und Fabian sind ihren Zielvorstellungen, die sie in den Bildern zum Ausdruck gebracht haben, näher gekommen. Doch erfahrungsgemäß gilt es, den Ball flach zu halten und eine gewisse Nüchternheit walten zu lassen. Denn unter Stress kehren die alten Muster schnell zurück. Das wissen die beiden. Darum vereinbaren wir in etwas größeren Abständen weitere Termine zur „Rückfall-Prophylaxe", wie Carola es nennt. Ein neues Ziel für die kommende Zeit formulieren sie gemeinsam:

Wir wollen unsere Aufmerksamkeit nicht mehr auf die schwierigen Themen legen, sondern mehr auf das, was uns Freude macht und lebendig sein lässt.

Wie man sieht, ist der Blick auf die Bilder und in den Mikrobereich der Beziehung nicht immer einfach, aber er lohnt sich!

6. Gefühle ordnen und konstruktiv kanalisieren

6.1 Zusammenhänge verstehen

Ein Mann zu seiner Frau: „Ich mache dich zur glücklichsten Frau der Welt!“ – Die Frau: „Oh, ja – ich werde dich vermissen!“

Früher dachte ich voreilig: „Gefahr erkannt, Gefahr gebannt!“. Doch das ist bei über Jahren eingefahrenen negativen Mustern nicht so. Sie zu erkennen erfordert Aufmerksamkeit. Zu begreifen, dass sie unproduktiv sind und alles schlimmer machen, ist eine schmerzhafte, aber wichtige erste Erkenntnis. Eine Alternative zu entwickeln bedarf der Bereitschaft, Zusammenhänge verstehen zu wollen. Und Sorgfalt walten zu lassen, wenn es um die Details der Veränderung geht. Eine gewisse Portion Mut und Einsicht in die Notwendigkeit ist von Vorteil, damit der Motivationstank für die Neugestaltung der Beziehung stets gefüllt bleibt.

Muster entstehen von allein

Meine Beobachtung ist, dass sich die problematischen Reaktionsmuster von Paaren unmerklich und von selbst bilden. Natürlich haben beide Seiten Anteil an deren Entstehung. Doch es ist nicht so, dass die Partner sich bewusst vornehmen, in eine Spirale der Eskalation zu geraten. Die Muster schleichen sich ein wie ein ungebetener Gast, den man nicht mehr loswird. Sekundäre Emotionen bewirken bestenfalls eine Befreiung von innerem Druck und wirken wie ein reinigendes Gewitter – dann ist es gut. Führen sie zu anhaltenden Kriegshandlungen in Form von Vorwürfen, Gegenvorwürfen und Rechtfertigungen bis hin zu Handgreiflichkeiten, beschädigen sie die Beziehung.

Der Begriff „Kriegshandlungen“ mag unangemessen erscheinen, doch ich benutze dieses Wort bewusst, um auf die erheblichen Verletzungen hinzuweisen, die in eskalierten Beziehungen entstehen. Man verwirkt den Respekt des anderen, verliert die Achtung voreinander und sogar vor sich selbst, weil man so nie sein wollte!

Um emotionale Muster zu verändern, sind Vorkenntnisse hilfreich. Zu wissen, wie man in stressbehafteten Beziehungssituationen tickt, welche Auslöser es gibt und wie die eigene emotionale Reaktion ausfällt. Rufen Sie sich die Reflexionen aus dem zweiten Kapitel (Seite 37 ff.) in Erinnerung. Führen Sie diese jetzt ein zweites Mal durch, ergänzt um einen weiteren Schritt. Erinnern Sie sich an eine wiederkehrende Situation, die Sie regelmäßig auf die Palme bringt, ärgert oder verletzt. Nutzen Sie dann die folgenden Worte, um ihr Muster detaillierter zu beschreiben:

REFLEXION

Muster erkennen

1. Immer dann, wenn ...

____

____

2. Reagiere ich ...

____

____

3. Weil ich den Eindruck habe, dass ...

____

____

4. Und ich mich dann fühle wie ...

____

____

Diese Reflexion soll dabei helfen zu verstehen, was los ist und worum es geht. Zur Erinnerung: Ein Muster besteht aus einem Interaktionsverhalten sowie einer charakteristischen Art zu denken und zu fühlen. Dabei spielen das innere Erleben, typische Bewertungen und Wahrnehmungsgewohnheiten eine zentrale Rolle. Doch erst, wenn man einen Zugang zu seinen Gefühlen und (vernachlässigten) Bedürfnissen gefunden hat, lassen sich Auswege finden. Dann hat man einen inneren Kompass zur Verfügung, der beim Navigieren in der Beziehung hilft.

Jeder Millimeter zählt – Manfred und Charlotte

Manfred berichtet von seinem Muster:

Immer wenn ich mich von Charlotte nicht gesehen fühle, reagiere ich wirsch und werde wortkarg oder feuere eine spitze Bemerkung ab. Ich habe den Eindruck, sie nicht zu erreichen. Ich fühle mich dann schlecht, manchmal einsam und verloren. Eigentlich bin ich traurig und es kommt mir so vor, als würde ich auf verlorenem Posten stehen.

Charlotte hat ihr Muster ebenfalls herausgearbeitet:

Immer wenn ich mich angegriffen fühle oder keine Resonanz erhalte, werde ich laut. Manchmal schreie ich sogar, weil ich nicht gehört werde und mich unverstanden fühle. Ich fühle mich dann allein, so als hätten meine Worte keine Bedeutung. Oft gehe ich dann weg.

Mir ist aufgefallen, dass in vielen Mustern Beschreibungen des Alleinseins und der Traurigkeit über den nicht vorhandenen Kontakt zum Ausdruck kommen. Ich verstehe es so, dass regelmäßig eines der wichtigsten menschlichen Bedürfnisse leidet, nämlich der Wunsch, sich miteinander verbunden zu fühlen.

Kleine Veränderungen wertschätzen

Das Verstehen der Hintergründe kann zu ersten Veränderungen beitragen, wenn man nicht mehr alles persönlich nimmt, sondern die Muster als der Not geschuldet betrachtet. Manfred beschreibt es so:

Wenn meine Frau innerlich in Aufruhr ist, schreit sie und geht weg. Ich habe verstanden, dass ich ihr das lassen muss, auch wenn es mir schwerfällt. Wenn Sie dann zurückkommt, hilft es ihr meist, wenn ich sie in den Arm nehme. Das kann ich allerdings nur, wenn ich mich in der Zwischenzeit beruhigt habe.

Charlotte erlebt ebenfalls eine kleine Veränderung in ihrem Umgang mit der Situation:

Ich fühle mich zwar immer noch unangenehm berührt, wenn Manfred mich abblitzen lässt oder kritisiert, aber ich kann den kleinen Jungen in ihm sehen, der gesehen werden möchte. Das macht es mir etwas leichter, nicht gleich auszuflippen oder wegzugehen. In guten Momenten kann ich ihm sogar sagen, dass ich ihn gehört habe, und ihm sagen: Kannst du deine Verletzung und deinen Wunsch nach mehr Nähe nicht etwas sozialverträglicher ausdrücken?

Diese Veränderungen erscheinen auf den ersten Blick klein. Doch jeder Millimeter in die richtige Richtung zählt. Meiner Erfahrung nach beginnen viele Veränderungen im Mikro-Bereich der Beziehung. Sie sind ein erstes Signal an den anderen, dass man wohlgesonnen und bereit ist, sich wieder anzunähern. Zugleich entlässt man sich selbst aus dem Gefängnis der immer gleichen Abläufe und Muster – ein wichtiger Zugewinn an Freiheit und neuen Wahlmöglichkeiten!

Hermann, wir müssen reden!
Ich bin nicht Hermann, ich bin Heinz!

Lachen Sie ruhig, aber es kommt öfter vor, als man denkt, dass man in heftigen Streitigkeiten sein Gegenüber nicht mehr als den wahrnimmt, der er ist. Das Erste, was verloren geht, ist der Humor! Oder er wird zynisch, sarkastisch und verletzend. Dabei ist Humor eine der wichtigsten Ressourcen und zugleich ein guter Gradmesser für den Zustand einer Beziehung. Wer sich selbst nicht mehr auf den Arm nehmen kann und wer sich nicht mehr auf den Arm nehmen lässt, lässt sich auch nicht mehr *in* den Arm nehmen!

Eine Vereinbarung treffen – Tamara und Stefan

Tamara und Stefan kommen in die Therapie, weil kleinste Unstimmigkeiten zu heftigen Reaktionen führen, die sie beide belasten. Tamara fühlt sich seit längerer Zeit nicht mehr wahrgenommen. Sie hat den Eindruck, wie an einem Felsen abzuprallen, wenn sie etwas von Stefan möchte oder das Gespräch sucht. Stefan stimmt einerseits zu, dass er oft verschlossen ist, beklagt andererseits, dass Tamara nicht würdigt, was er alles für die Beziehung tut. Beide sind erschöpft und müde davon, sich aneinander abzuarbeiten. Tamara spricht immer wieder davon, sich zu trennen, wenn Stefan sich nicht verändert. Stefan machen diese Drohungen Angst. Er fühlt sich dann ausgeliefert und verliert den Boden unter den Füßen. Beide sagen, dass sie einander mögen und zusammenbleiben möchten. Sie kennen sich seit acht Jahren und haben viele schöne Dinge miteinander erlebt. Jetzt aufzugeben würde bedeuten, das Gute wegzuwerfen.

Die beiden berichten von einem Prozess, der mir häufig begegnet: Die Dynamik wird so unerträglich, dass einer oder beide zunehmend von Trennung sprechen. Das ist nachvollziehbar – für den Wunsch, die Beziehung verbessern zu wollen, ist es jedoch Gift. Es entzieht mindestens einem den Boden unter den Füßen und das gemeinsame Fundament, auf dem man aufbauen könnte, zerbröckelt.

In solchen Konstellationen empfiehlt es sich, für einen vereinbarten Zeitraum auf das Aussprechen von Trennungsgedanken zu verzichten. Ich plädiere für eine Vereinbarung, die Beziehung für diesen Zeitraum *nicht* infrage zu stellen. Vertrauen entsteht nur, wenn diese Absprache eingehalten wird. Kann sich ein Paar darauf einlassen, wirkt diese Abmachung beruhigend, weil man nicht permanent Gefahr läuft, aus dem Boot gekippt zu werden. So ist es bei Tamara und Stefan.

STEFAN: *Das hat mir – und ich glaube auch Tamara – gutgetan. Wir mussten keine Energie auf Notfallszenarien verschwenden, was im Falle einer Trennung alles passieren könnte.*

TAMARA: *Ja, das hat mich etwas beruhigt, selbst wenn die Gedanken manchmal noch kommen. Aber ich habe verstanden, dass ich damit Öl ins Feuer gießen würde, welches ich löschen möchte.*

STEFAN: *Ich konnte wieder etwas angstfreier Sachen ansprechen, die mir auf der Seele lagen.*

TAMARA: *Das fand ich gut. Du hast mir mehr zugehört. Du warst in den letzten Wochen so, wie ich es mir seit 20 Jahren gewünscht habe. Du hast mich wahrgenommen, bist auf mich eingegangen und hast dich um die neuen Katzen gekümmert, als ich nicht konnte. Ich bin allerdings auch traurig und frage mich, warum das erst jetzt möglich ist?*

STEFAN: *Ja, ich habe lange gebraucht, bis ich die kleine Tür zu meinem Inneren aufmachen konnte. Für mich ist das in den letzten beiden Wochen ein vollkommen neuer Weg gewesen. Ich habe meine irritierenden Gefühle offen angesprochen und meiner Frau mitgeteilt, dass ich verunsichert bin und nicht weiß, ob sie bei mir bleibt und ob ich ihr genügen kann.*

Kleine Gesten der Wertschätzung

TAMARA: *Für mich ist das ungewohnt, aber es hat mich weicher werden lassen. Ich hatte keine Wutgefühle mehr. Das ging nur durch die kleinen Gesten der Wertschätzung, die du mir entgegengebracht hast.*

STEFAN: *Meine Frau hat differenziert reagiert. Sie hat mir gesagt, dass diese Angst vor Trennung doch ein alter Hut sei, der mit meiner Familiengeschichte zu tun hat. Und dass sie mich liebt und mich nicht verlassen will. Dass sie aber Schwierigkeiten mit mir hat, wenn ich so verschlossen und abweisend bin, dass sie das kaum ertragen kann. Sie war dabei sachlicher als sonst – das hat mich beruhigt. Ich habe mich nicht angegriffen gefühlt und keine Notwendigkeit empfunden, mich zu rechtfertigen oder zu verteidigen.*

Bei Tamara und Stefan sieht man, dass die Arbeit an ihren bisherigen Mustern Früchte trägt. Sie haben erste Brücken zueinander gebaut und etwas riskiert. Sich nach monatelangem „Krieg" wieder zu öffnen ist kein leichtes Unterfangen. Man muss sein Herz in die Hand nehmen und kleine Mutproben wagen. Zur Überraschung der Beteiligten gehen dann sogar Wünsche in Erfüllung.

TAMARA: *Ich wünsche mir einen Mann auf Augenhöhe, der mir mal Paroli bietet und nicht – wie mein Vater – unterwürfig wie ein braves Hündchen vor mir Männchen macht. Das habe ich Stefan vor Kurzem deutlich sagen können. Als er vor einigen Tagen abends im Dunkeln seine Autoscheiben reinigen wollte, hat er mich nach einem Lappen gefragt. Ich bin in ein altes Muster gerutscht und habe ihn angemacht, wie blöd das denn sei, im Dunkeln die Scheiben zu putzen. Da hat er sich gerade gemacht und gesagt: „Ich habe dich nicht nach deiner Meinung gefragt, ob es zu dunkel ist, sondern danach, welchen Lappen ich benutzen kann." Das war beeindruckend!*

Verläuft eine Paartherapie gut, kehrt oft der Humor zurück – und mit ihm eine angenehme Distanz zu den destruktiven Gefechten der Vergangenheit. Vielleicht geht es Ihnen dann wie dem Ehepaar, das sich früher oft gestritten hat. Sie sitzen gemütlich in einem Restaurant. Plötzlich lässt der Ober das Tablett mit dem Geschirr fallen. Die Scherben klirren herrlich auf dem Boden. Und sie flüstert ihm zärtlich ins Ohr: *Hör mal, Liebling, sie spielen unser Lied!*

Kurs halten

Ich stelle die Beziehung nicht infrage, wenn es einen Konflikt gibt!

6.2 Raum für das Wesentliche

Das Eisen sollte man schmieden, solange es *kalt* ist, wusste der renommierte Psychotherapeut Irvin D. Yalom. Heiße Eisen sollte man besser nicht anfassen. Ist es jedoch gelungen, eskalierende Wortgefechte einzustellen, kann ein Ritual des Zuhörens wertvolle Dienste leisten. Es geht ausdrücklich nicht darum, eine Übung zu lernen, sondern eine wohlwollende *Haltung* einzunehmen, die Ihnen eine neue Erfahrung ermöglicht. Die folgenden Spielregeln sind angelehnt an das Zwiegespräch von Lukas Moeller (vgl. auch Abbildung 6.1).

Sie sollten bereit sein, Ihrem Partner interessiert zuzuhören. Jeder bekommt zehn Minuten Zeit, um ungestört von seinen Empfindungen und Gedanken zu sprechen. Die Themen kann jeder selbst auswählen. Sie können sich um die Beziehung drehen, dürfen aber auch andere Angelegenheiten aufgreifen. Kommentare, Einwände und Reaktionen, wie sie normalerweise in einem Alltagsgespräch üblich sind, bleiben außen vor. Hören Sie aufmerksam zu. *Eine* Verständnisfrage ist in dieser Zeit erlaubt. Der Charakter des Gesprächs ist ein Monolog über Dinge, die Sie aktuell beschäftigten. Die Grundhaltung des Zuhörenden sollte von dem Wunsch getragen sein, nachzuvollziehen, was den Partner bewegt. Es geht ausdrücklich nicht darum, mit allem einverstanden zu sein.

Nach zehn Minuten wird gewechselt. Ein Dialog oder Austausch über das Gehörte findet nicht statt. Ist das Ritual beendet, werden die Themen im Alltag nicht weiter besprochen. Vereinbaren Sie stattdessen den Zeitpunkt des nächsten Termins. Pflegen Sie den Raum des Verstehens in regelmäßigen Abständen.

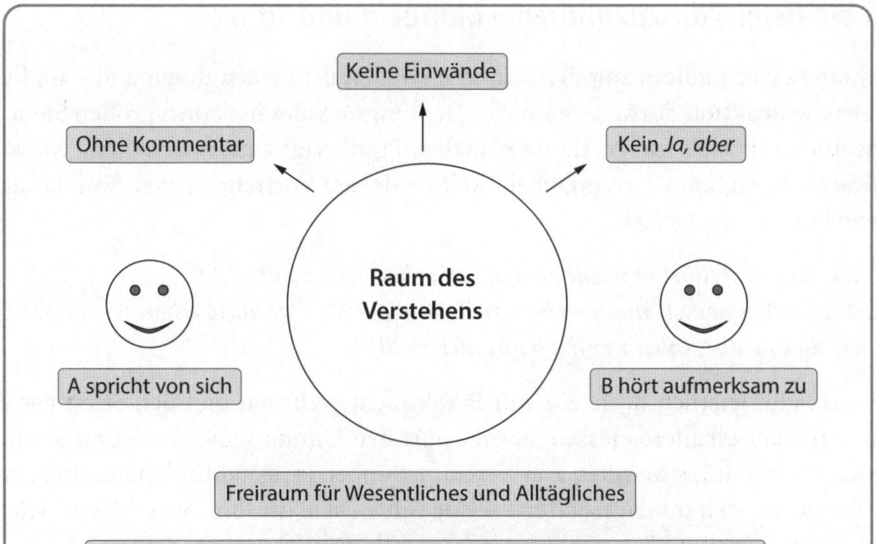

Abbildung 6.1: Raum des Verstehens

Sowohl-als-auch

Zu meinen, den anderen zu verstehen, bedeute gleichzeitig, mit allem einverstanden zu sein, ist ein Missverständnis und ein Grund für zahlreiche emotionale Komplikationen. Insbesondere dann, wenn einer sich darum bemüht, lediglich die eigene Sichtweise gelten zu lassen und den Partner herabsetzt, wenn er diese nicht übernimmt. Für viele Paare fühlt es sich so an, als ginge es um ein Entweder-oder: Entweder du verstehst mich und teilst meine Sicht oder du teilst meine Sicht nicht, dann war's das!

Dabei ist es durchaus möglich, die Sichtweise des Partners zu verstehen und gleichzeitig eine andere Sicht zu vertreten.

Im Grunde ist ein Sowohl-als-auch hilfreicher: *Ja, ich verstehe deinen Blickwinkel und deine Sicht, aber ich teile sie nicht.* Sich verstanden zu fühlen und gleichzeitig zu akzeptieren, dass der andere eine eigenständige Sicht hat, ist schwer. Doch diese Spannung gilt es auszuhalten.

Ich bin bereit, dir zuzuhören – Manuela und Frank

Während einer Radtour mit den Kindern streiten die beiden miteinander und verstehen die Reaktion des anderen nicht. Der jüngste Sohn hat einen großen Stein gefunden und möchte ihn zu Hause bemalen. Frank sagt kategorisch Nein. Manuela würde es ihrem Sohn gern erlauben, weil sie dessen Vorfreude rührt. Es kommt zu einem kurzen Wortgefecht:

FRANK: *Auf mich hört ja wieder keiner. Was ich sage, zählt nicht!*
MANUELA: *Du nervst, immer blockierst du alles. Aber dann machen wir es eben so, wie du es willst, auch wenn ich das nicht will!*

Manuela gibt letztlich nach. Sie will Frank nicht erzürnen und den Streit vor den Kindern nicht eskalieren lassen. Frank spürt den Unmut seiner Frau und Manuela die Reizbarkeit ihres Mannes. Der Verlauf ist unbefriedigend für beide Seiten, auch für Frank, der sich durchgesetzt hat. Beide fühlen sich unwohl. Sie erklären sich bereit, diesen Vorfall im Raum des Verstehens näher zu erkunden.

MANUELA: *Ich bin bereit, dir zuzuhören. Was ist in dir vorgegangen?*

Frank

FRANK: *Ich war besorgt. Ich habe die Verletzungsgefahr gesehen. Der Stein war groß und hatte Kanten. Außerdem finde ich es nicht gut, wenn man von einem Strand Dinge mit nach Hause nimmt. Die Kinder sollen lernen, die Natur zu respektieren, und verstehen, dass man nicht alles mitnehmen kann.*
Außerdem ärgert es mich, wenn ich mit dem Rad vorfahre und ihr den Kontakt abreißen lasst, ohne mir Bescheid zu geben. Ich fahre weiter und merke erst spät, dass ihr nicht mehr hinter mir seid. Ich muss dann zurückradeln, um zu sehen, ob etwas Ernstes passiert ist. Das macht mich sauer. Ich finde es außerdem unhöflich!

Manuela

FRANK: *Ich bin bereit, dir zuzuhören. Was war bei dir los?*
MANUELA: *Ich hatte Angst vor deiner Reaktion. Ich war unter Stress und wusste, dass du genervt reagieren würdest. Das wollte ich mir und den Kindern ersparen, deswegen habe ich nachgegeben. Ich hätte mir gewünscht, dass du unseren Sohn unterstützt, weil er sich so darauf gefreut hat, den Stein anzumalen. Das hast du nicht mitbekommen, weil du vorgefahren bist.*
Ich habe sehr wohl nach dir gerufen, aber du hast es nicht mehr gehört. Es wäre schön, wenn du dich öfter umdrehen würdest, um zu sehen, wo wir sind. Ich hatte die Kinder vor mir und manchmal fahren sie eben langsamer. Wenn du dann stur dein Tempo weiterfährst, haben wir keine Chance.
Außerdem bin ich schon länger erschöpft und gehe auf dem Zahnfleisch. Ich reagiere dann wie ein waidwundes Tier und bin schneller gereizt als sonst. Ich würde mir wünschen, dass du verstehst, dass ich dann nicht aus dem Normal-Modus reagiere. Ich brauche keine Vorwürfe, sondern Verständnis.

Nach diesem Gespräch sind nicht alle Probleme gelöst, aber beiden geht es besser.

MANUELA: *Ich hatte den Eindruck, Frank wollte wissen, was in mir vorgegangen ist. Das tat gut.*
FRANK: *Ja, das war produktiv. Ohne Störfeuer erzählen zu können, warum ich so gehandelt habe und was mich beschäftigt, ist lange nicht mehr vorgekommen. Ich hatte den Eindruck, Manuela hatte ein offenes Ohr für mich!*

Raum für das innere Kind

In der Beziehung zu sich selbst – auf der vertikalen Ebene – benötigt man einen inneren Raum des Verstehens. In diesem Raum kann man sich selbst erkunden, um eigene Gefühle und Reaktionen besser kennenzulernen. Diese klar zu benennen ist nicht immer einfach, weil sich Gefühle überlagern oder diffus sein können. Das ist der Fall, wenn sich Gefühle aus der Vergangenheit einschleichen und Verwirrung stiften.

Eine wichtige Voraussetzung für die Klärung solcher Irritationen besteht darin, Interesse an der eigenen Lebensgeschichte aufzubringen. Es geht darum, sich in das Kind, das man einmal war, hineinzuversetzen (Abbildung 6.2). Für diese Selbsterforschung bieten sich zwei Möglichkeiten an.

1. Zwei Stühle: Der Erwachsene und sein inneres Kind

Stellen Sie zwei Stühle gegenüber auf. Auf dem einen Stuhl sitzt Ihr aktuelles, erwachsenes Ich, auf dem anderen Stuhl Ihr früheres Kind-Ich. Nehmen Sie zunächst auf dem Stuhl des Erwachsenen Platz. Kommen Sie innerlich zur Ruhe und prüfen Sie, ob Sie bereit sind, sich dem Kind in sich zuzuwenden. Ist das der Fall, sprechen Sie innerlich oder laut den Satz aus: Ich möchte gern hören, was du erlebt hast. Zur Unterstützung können Sie Ihre Hände symbolisch öffnen und mit einer Geste unterstreichen, dass Sie offen und bereit sind.

Jetzt setzen Sie sich auf den Stuhl des inneren Kindes. Lassen Sie sich ruhig werden. Werden Sie zum inneren Kind und lassen Sie es zu Wort kommen. Spüren Sie das Interesse des Erwachsenen, der Ihnen gegenübersitzt. Hören Sie aufmerksam zu. Wenn das Erwachsenen-Ich eine Frage hat, wechseln Sie den Stuhl, um die Frage zu stellen, und kehren Sie dann wieder auf den Stuhl des Kindes zurück.

Beenden Sie den Dialog auf dem Stuhl des Erwachsenen und lassen Sie das Gehörte auf sich wirken. Spüren Sie, welche Gefühle, Gedanken und Impulse es in Ihnen auslöst.

2. Die Tür zu meiner Kindheit

Schließen Sie die Augen und legen Sie die Hände auf Ihren Bauch. Warten Sie in aller Seelenruhe darauf, dass es in Ihnen ruhiger wird. Jetzt stellen Sie sich vor, wie sich vor Ihrem inneren Auge die Tür zu Ihrer Kindheit öffnet. Sie sehen das Mädchen oder den Jungen vor sich, der Sie einmal waren. Nehmen Sie sich alle Zeit der Welt und lassen Sie das Kind in sich zu Wort kommen.

Was hat es erlebt? Welche Ängste hatte es? Wovon träumt es? Wie hat es die Beziehung zu seinen Eltern erlebt? Wie die Beziehung zu seinen Geschwistern?

Fragen Sie nach, signalisieren Sie Ihrem inneren Kind, wie wichtig es Ihnen ist, und dass Sie bereit sind, offen zuzuhören.

Finden Sie am Ende ein gutes Arrangement für das innere Kind. Fragen Sie nach, an welchem Ort es sich wohlfühlt und wer bei ihm sein soll. Lassen Sie diese innere Begegnung wie in einem schönen Märchen gut ausklingen.

Auswertung

- *Was habe ich von meinem inneren Kind kennengelernt?*
- *Was war seine schmerzlichste Erfahrung?*
- *Welches Grundgefühl trägt es in sich?*
- *Gibt es in meiner Beziehung ein ähnliches Gefühl?*

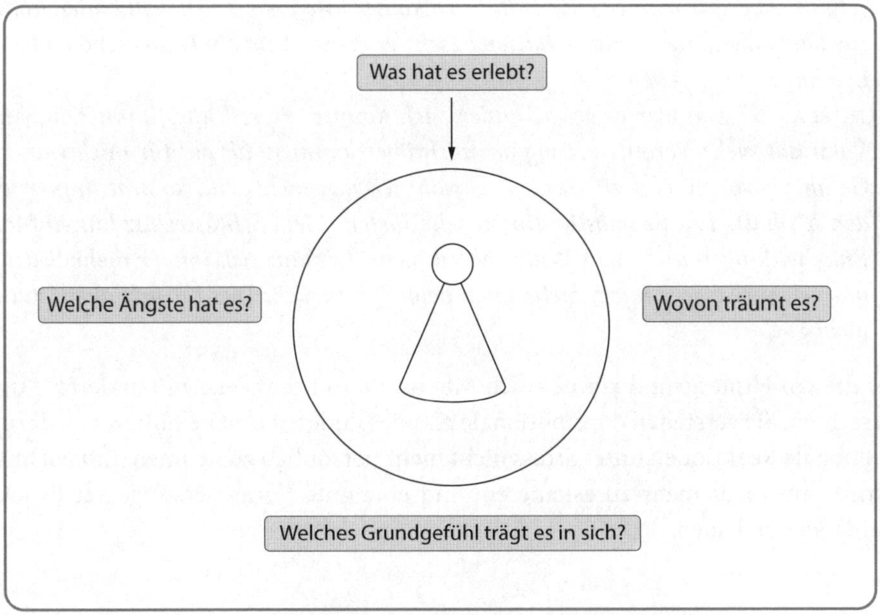

Abbildung 6.2: Raum für das innere Kind

Eine Beziehung ist besser als jede Selbsterfahrungsgruppe

Alle relevanten Themen aus Kindheit und Jugend spiegeln sich früher oder später in einer Beziehung. Primäre Erfahrungen wie Kränkungen und Zurückweisungen werden belebt und rufen störende Gefühle hervor. Jeder Mensch hat ein wiederkehrendes Lebensthema, einen roten Faden.

Kehren wir zu Manuela und Frank zurück. In den emotionalen Reaktionen während ihrer Fahrradtour wurden ihnen die alten Themen wie auf einem Silbertablett serviert. Sie haben sich mittlerweile einen Zugang zu den schmerzhaften Erfahrungen in ihren Elternhäusern erarbeitet und können darüber jetzt mit mehr Interesse sprechen.

FRANK: *Ja, das ist ein Schlüsselsatz: Auf mich hört ja keiner! Ich kenne dieses Gefühl aus meiner Kindheit. Ich musste viel zu früh Verantwortung für meine Geschwister übernehmen. So, als wäre ich ein kleiner Erwachsener. Einerseits habe ich das gern gemacht, ich hatte das Gefühl, wichtig zu sein. Andererseits war ich massiv überfordert, aber das wird mir erst jetzt klar. Ich habe mich oft ohnmächtig und hilflos gefühlt. Aber für meine Gefühle hat sich keiner interessiert. Ich wollte niemandem zur Last fallen, meine Eltern hatten es schwer genug. Und ein Dankeschön oder ein Lob hat es nie gegeben!*

MANUELA: *Bei mir war es etwas anders. Ich konnte nie selbstbestimmt sein. Mein Vater hat mehr Verantwortung für mich übernommen, als gut für mich war. Das Gefühl, bevormundet zu werden, obwohl ich das nicht will, kommt immer wieder. Als hätte ich nie selbstbestimmt sein dürfen. Mein Schlüsselsatz lautet: Meine Entscheidungen und mein Wille zählen nicht! Es staut sich immer mehr Frust an und ich verweigere mich, ziehe mich beleidigt zurück. Das tut mir aber letztlich nicht gut.*

Vor diesem Hintergrund können sich Manuela und Frank jetzt mit anderen Augen betrachten. Sie verstehen die emotionale Not des anderen und bemühen sich darum, emotionale Reaktionen unter Stress nicht mehr persönlich zu nehmen. Ein wichtiger Schritt, um nicht mehr zu eskalieren, und eine gute Voraussetzung, um Brücken zueinander zu bauen.

Wir mussten nicht mehr in die Schützengräben

FRANK: *Ich war wieder eingerastet, als ich mich unnötig kritisiert fühlte. Meine Brust zog sich zusammen. Ich fühlte wieder diese Mischung aus Hilflosigkeit und Zorn und war wie in einer Zwickmühle. Ich dachte, ich kann machen, was ich will, ich komme da nicht raus. Ich konnte etwas gelassener mit mir umgehen und habe mir gesagt: Das alles findet jetzt in mir statt. Dann konnte ich milder mit der Situation umgehen. Es war ein positives Gefühl, das steuern zu können.*

MANUELA: *Das stimmt. Wir sind wie auf Zehenspitzen umeinander hergeschlichen, wollten beide nicht mehr eskalieren. Ich habe „gefiltert" auf die Situation geguckt. Sonst war ich immer in Hab-Acht-Stellung, schon aus Gewohnheit. Jetzt konnte ich meine Verschanzungen zurücknehmen. Ich hatte weniger Angst vor seinen und meinen Reaktionen.*

FRANK: *Du hast auf mich entspannter und souveräner gewirkt. Das hat mir gutgetan.*

MANUELA: *Ja, zuerst war ich innerlich gezündet, weil du nicht auf mich gehört hast und Gehäckseltes auf ein Beet gelegt hast, wo es nicht hin sollte. Aber dann habe ich mir gesagt: Es war keine Absicht, er war gestresst.*

FRANK: *Ich hatte den Eindruck, dadurch war es friedlicher. Wir mussten nicht mehr in unsere Schützengräben. Wir haben uns gegenseitig den Wind aus den Segeln genommen.*

6.3 Unsere Stärken – für gute Gefühle sorgen

In turbulenten Krisenzeiten verengt sich unmerklich der Blickwinkel. Ein Paar sieht dann nur, was es *nicht* hat! Jeder hat die Defizit-Brille aufgesetzt und beklagt den Mangel. Entsprechend negativ färben sich die Gefühle ein, man ist frustriert. Die Beziehung scheint an Wert zu verlieren.

Das ist bedauerlich, denn jede Beziehung hat ein Fundament. Es besteht aus den Stärken und Fähigkeiten der einzelnen Partner und dem, was sie gemeinsam bewältigt, erlebt und aufgebaut haben (Abbildung 6.3). Jedes Paar hat etwas, auf das es stolz sein kann. Einen würdigenden Blick auf die Beziehung und den Partner zu werfen lohnt sich. Erst dann wird es möglich, den Schatz der Beziehung zu heben und wertzuschätzen!

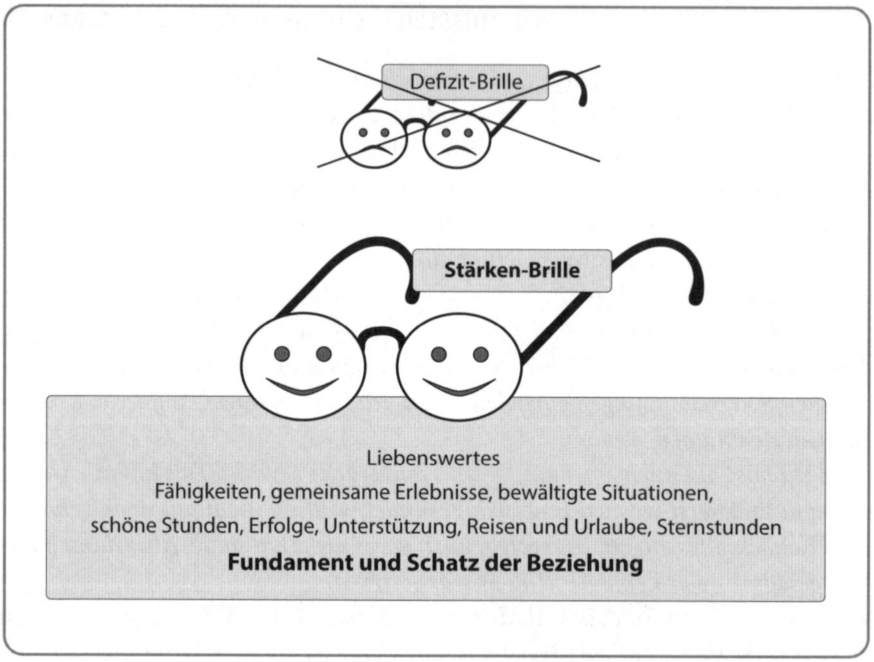

Abbildung 6.3: Unsere Stärken

Ulrich und Sarah sind seit 23 Jahren ein Paar. Durch den Auszug ihrer beiden Kinder sind sie in eine Krise geraten. Sie fallen auf sich selbst zurück und wissen zunächst kaum noch etwas mit sich anzufangen. Das leere Nest wird zur Last. Aus heiterem Himmel fangen sie wegen nichtiger Anlässe an zu streiten. Sie vermuten, dass sie verlernt haben, ein Paar zu sein.

ULRICH: *Wir mäkeln ständig aneinander herum, keiner fühlt sich mehr wohl.*
SARAH: *Wir entdecken jeden Tag neue Problem-Zonen. Das kann ja nicht gut sein.*

Ich kann Sarah nur zustimmen und schlage den beiden einen Perspektivwechsel vor. Anstatt die Fehler aufzulisten und den Zustand der Beziehung zu beklagen, bitte ich sie darum, genau hinzuschauen: Was verbindet uns und was hat uns als Paar stark gemacht? Sie notieren zunächst jeder für sich die Punkte, die ihnen einfallen. Den Verlauf des nachfolgenden Gespräches habe ich etwas gekürzt und zusammengefasst. Zu meiner Überraschung begannen Sarah und Ulrich direkt und indirekt damit, sich gegenseitig Komplimente zu machen. Es war mit den Händen zu greifen, wie sich die Atmosphäre positiv veränderte.

Was uns verbindet und stärkt

SARAH: *Wir hatten ein tolles Familienleben. Ich werde grad etwas traurig, weil ich sage, wir hatten. Aber es geht ja irgendwie weiter.*

ULRICH: *Ja, die Erziehung unserer Söhne haben wir, glaube ich, ganz gut gemacht.*

SARAH: *Und wir haben schöne Urlaube gemacht. Die Reise mit dem Camp-Mobil durch Australien war ein Highlight, auch für die Jungs.*

ULRICH: *Das stimmt, im Rahmen dessen was möglich war, haben wir uns was gegönnt.*

SARAH: *Das klingt jetzt alles so äußerlich. Aber wir konnten uns immer aufeinander verlassen und haben uns gegenseitig unterstützt.*

ULRICH: *Ja, du hast mir am Anfang unserer Beziehung oft den Rücken freigehalten, als ich mich beruflich durchkämpfen musste.*

SARAH: *Danke, dass du das sagst. Du hast es mir insofern leicht gemacht, weil du immer zuverlässig warst. Wenn du gesagt hast, du kommst um 18:00 nach Hause, dann warst du auch um 18:00 Uhr da.*

ULRICH: *Huch, gleich werde ich rot. Du bist eine Frau, die Verantwortung übernimmt und klar sagt, wenn du mich brauchst. Das hat mir auch geholfen.*

SARAH: *Eigentlich haben wir unsere Lebensbereiche und Hobbys ganz gut aufgeteilt. Ich kann mich im Garten verwirklichen und du hast eine Werkstatt in der Garage. Im Grunde sind wir entschlussfreudig. Wenn wir eine Idee haben, die wir gut finden, setzen wir die auch um. Wir trauen uns was!*

ULRICH: *Das stimmt wirklich, so habe ich das noch nicht gesehen. Auch unsere Hochzeit und die Feier waren ungewöhnlich. Die Idee, auf einem Hausboot zu feiern, kam von dir, aber du hast mich damals schnell überzeugt und wir haben es umgesetzt.*

SARAH: *Das ist ja deine Stärke, Sachen aufzunehmen und Wege zu finden. Alleine hätte ich das nicht geschafft. Es gibt auch noch etwas Banales, das uns verbindet: Seit Jahren schauen wir sonntags zusammen den Tatort, unabhängig davon, was vorgefallen ist. Ich mag dieses Ritual!*

Selbstverständlich wird im Alltag der beiden auch künftig nicht immer die Sonne scheinen. Aber Sarah und Ulrich haben die Schätze ihrer Beziehung gehoben. Auf diese gemeinsamen Erfahrungen können sie sich jederzeit beziehen und sich den Wert ihrer Beziehung vor Augen führen.

Der würdigende Blick hilft jedem Paar, weil er gute Gefühle hervorruft. Ob dieser Schritt dazu führt, sich friedlich voneinander zu verabschieden oder die Beziehung mit größerer Zufriedenheit fortzusetzen, bleibt offen. Diese Verantwortung liegt in den Händen des Paares.

REFLEXION

Unsere Stärken

1. Welche Stärken hat unsere Beziehung?

2. Was können und machen wir richtig gut?

3. Was schätze ich an meinem Partner?

4. Welche Krisen haben wir schon gemeistert und wie haben wir das hinbekommen?

5. Was verbindet uns?

6. Welche Sternstunden haben wir erlebt oder gestaltet?

7. Was macht uns gute Gefühle?

8. Was macht unsere Beziehung wertvoll?

7. Intimität und Sexualität ausbalancieren

7.1 Intimität und Sexualität sind nicht das Gleiche

Es gibt intime Sexualität, Sexualität ohne Intimität und Intimität ohne Sexualität. Was ist damit gemeint?

Sexualität bedeutet für viele Menschen, Geschlechtsverkehr zu haben. In welcher Spielart oder sexuellen Präferenz ein Paar seine Sexualität lebt, ist naturgemäß unterschiedlich. Miteinander intim zu werden kennzeichnet in der Regel den Übergang aus dem Alltagsbefinden zum körperlich erregenden und erotisch-lustvollen Miteinander. Sexualität kann für ein Paar unterschiedliche Bedeutungen haben.

Sie kann der Spannungsabfuhr und damit der Entspannung dienen. Sie kann dazu beitragen, sich attraktiv und begehrenswert zu fühlen. Sie kann zur Erweiterung der eigenen Grenzen führen, Lebendigkeit fördern und eine willkommene Auszeit von den Anforderungen des Alltags darstellen. Sie kann Nähe herstellen und Verbundenheit schaffen. Wenn dem so ist, kommen *Intimität und Sexualität* zusammen. Das Paar ist sich nah und vertraut, die Sexualität fördert oder ermöglicht diesen schönen Zustand. Diese Form intimer Sexualität wird vermutlich von vielen Paaren angestrebt. Wird sie durch die Vorstellung idealisiert, jedes Mal erlebt zu werden, wird ein Paar scheitern. Meiner Erfahrung nach muss um diese paradiesische Form des Zusammenseins stets neu gerungen werden.

Dieser soeben als möglicher Goldstandard beschriebene Idealfall ist – Sie ahnen es – im gelebten Beziehungsalltag die Ausnahme. Bleiben Sie gelassen, wenn Sie diesbezüglich nicht andauernd im siebten Himmel schweben. Denn in jedem Beziehungs- und Familienleben gibt es genügend Störfaktoren, welche die Vertreibung aus dem Paradies begünstigen.

Sexualität ist nicht das Gleiche wie Intimität. Es kommt häufiger vor, als man denkt, dass die gelebte Sexualität nicht zu mehr Verbundenheit führt, sondern Distanz hervorbringt. Die Gründe sind vielfältig: Nicht angesprochene Konflikte und biografische Altlasten führen zu Hemmungen; oder man / frau steht nicht dazu, dass er / sie nicht will, um nur einige zu nennen. Hinzu kommt die veränderte Medienwelt. Durch die Fülle an Ratgebern zu einem erfüllenden Liebesleben und dem jederzeit verfügbaren Zugang zu pornografischen Inhalten ist die Gefahr gewachsen, dass der

Leistungsdruck oder gar technische Akrobatik in den Vordergrund des Geschlechtslebens rücken.

Es sind mittlerweile nicht nur Männer, die meinen, „eine gute Performance hinlegen zu müssen", wie es ein junger Mann offenbarte. Doch die Regeln des Geschäftslebens taugen nicht für das sexuelle Miteinander. Frauen unterliegen zunehmend dem Druck, alle sexuellen Spielarten bedienen zu müssen. „Analverkehr und Fesselspielchen muss man doch gemacht haben, oder?", spricht es eine verunsicherte Frau offen aus. Spätestens wenn die Partner merken, dass ihre Sexualität in Arbeit ausartet, wird der Liebesgott Amor mit dem Kopf schütteln und denken: „So hatte ich mir das eigentlich nicht vorgestellt!"

Was genau empfinde ich?

Das entscheidende Kriterium für die Zufriedenheit in der Sexualität ist das innere Erleben der Partner. Dabei können folgende Fragen an sich selbst bei der Klärung helfen:

REFLEXION

1. Was genau empfinde ich in der körperlichen und sexuellen Begegnung?

___

___

2. Bin ich beteiligt?

___

___

3. Fühle ich mit meinem Partner verbunden und nah oder allein?

___

___

4. Fühle ich mich wohl, gesehen und respektiert?

___

___

5. Oder im Gegenteil: Fühle ich mich benutzt oder entfremdet?

____

____

Ist Letzteres der Fall (Frage 5), ist man sich körperlich nah, doch die emotionale und seelische Intimität bleibt auf der Strecke. Es fehlt der Austausch über das, was wirklich los ist. Dann gibt es *Sexualität ohne Intimität.*

Wir leben in einer Epoche, in der die Sexualisierung enorm zugenommen hat. Es entsteht schnell der Eindruck, eine Beziehung mit wenig oder ohne Sexualität sei keine gute Beziehung. Doch Rückmeldungen von Paaren bezeugen, dass sie auch mit einer geringen oder ohne sexuelle Aktivität zufrieden sind. Insbesondere dann, wenn die erlebte emotionale Intimität und das Vertrauen in den Partner für sie von hohem Wert sind. Diese muss nicht unbedingt sexuelle Aktivitäten mit sich bringen.

Aus diesem Blickwinkel betrachtet wird Sexualität für die Zufriedenheit (!) mit der Partnerschaft regelmäßig überschätzt. *Intimität ohne Sexualität* speist sich aus dem Wissen, angenommen zu sein. Sie entspringt der gegenseitigen Wertschätzung. Herausforderungen des Lebens gemeinsam zu meistern, in die Überlegungen des Partners einbezogen zu werden und Vorhaben miteinander zu besprechen stabilisieren eine Beziehung. Sie sind die Quelle von *Intimität und Zärtlichkeit.*

Ich hab' ein zärtliches Gefühl

Zärtlichkeit gestaltet eine Beziehung, die auf wohlmeinender Fürsorge beruht. Herman van Veen hat in seinem Lied „Ich hab ein zärtliches Gefühl" anschaulich beschrieben, für wen er diese sensible Empfindung entwickeln kann – für jeden.

Nichtsnutz … den, der sich zu träumen traut … jeden Menschen, wenn er nur vollkommen wehrlos lieben kann.

Und, in einem anderen Lied, den „kleinen Fratz auf dem Kinderrad". Damit beschreibt er genau, was uns zu zarten Empfindungen einlädt und uns berührt. Vermutlich tragen wir alle Erinnerungsspuren der eigenen Verletzlichkeit und Bedürftigkeit in uns, die wir als Säuglinge und biologische Frühgeburten durchlaufen haben. Die am eigenen Leib gemachte Erfahrung, auf einen anderen angewiesen zu sein, ist eine Quelle unserer Fähigkeit, zärtlich und mitfühlend zu sein.

Es ist das Kleine, Schutzlose, Schwache und Gebrechliche, wie beispielsweise ein Neugeborenes, ein Kätzchen, eine aufkeimende Pflanze, ein Mensch in Not – und ein Partner, der sich mit seinen Empfindungen öffnet. John Lennon hat die tiefe Zuneigung zu seiner Frau Yoko Ono in den anrührenden Song „Woman" einfließen lassen. Sein Lied vermittelt viel von der zärtlichen Liebe, Geborgenheit und Dankbarkeit des Musikers.

Woman, I know you understand, the little child inside the man – Please remember my life is in your hands – And woman, hold me close to your heart…

Frei übersetzt:

Liebling, ich weiß, dass du das kleine Kind im Manne verstehst – Bitte denk daran, dass mein Leben in deinen Händen liegt – Und Liebling, halte mich nah an deinem Herzen…

Der Beatle kann Männern ein gutes Vorbild sein. Denn ihnen fällt es aufgrund gesellschaftlicher Konventionen und einer einseitigen Erziehung oft schwerer als Frauen, sich mit ihren zarten und verletzlichen Seiten zu zeigen.

Obwohl viele Menschen das Gegenteil befürchten, ist man zärtlich zu einem Menschen, eben *weil* er sich hilflos und zerbrechlich zeigt. Alles, was zart ist, hat die Fähigkeit, uns zart zu stimmen. Fast automatisch gehen wir behutsam mit dem Verletzlichen um, zeigen uns besorgt und werden achtsam. Einander lieben bedeutet aus der Sicht des Philosophen Tom Lemaire, in der grundlegenden menschlichen Verletzbarkeit schonend miteinander umzugehen. Es scheint so, als gäbe es ein natürliches Mitgefühl – vorstellbar wie eine Variation des universellen Mutterinstinktes –, das uns milde stimmt, wenn wir den Menschen in seinem schlichten Menschsein hinter den Rollen des Alltags erkennen.

Die folgende Übung lädt dazu ein, einen zärtlichen und freundlichen Blick auf Ihren Partner zu werfen.

ÜBUNG: Die Geschichte deiner Hände

Nehmen Sie die Hände Ihres Partners in die Hände. Betrachten Sie diese in aller Ruhe und mit einem wohlwollenden Blick. Orientieren Sie sich an den folgenden Fragen und sagen Sie Ihrem Partner, was Sie wahrnehmen, wissen und vermuten:

1. *Wie sehen die Hände aus?*
2. *Was haben diese Hände erlebt?*
3. *Was haben diese Hände in Ihrem Leben schon bewirkt?*
4. *Welche Freuden können sie bereiten?*
5. *Welche Gefühle und Gedanken lösen sie in mir aus?*

Tauschen Sie sich kurz darüber aus und wechseln Sie dann die Rollen.

6. *Welche Erfahrungen haben Sie beide während dieser Übung gemacht?*
7. *Was hat sich durch das Lesen der Hände verändert?*

7.2 Indem ich berühre, werde ich berührt – Sinn und Sinnlichkeit

Wie das Kind bereits im Mutterleib in einem taktilen Universum lebt – und nachdem es auf die Welt gekommen ist, erst recht –, so schätzt auch der Erwachsene die liebevolle Zuwendung. Unsere Haut sucht den Kontakt mit einer anderen Haut. Sie wünscht sich eine Liebkosung und eine liebliche Geste. Insbesondere die Hände spenden durch ihre Wärme und Sensibilität Trost. Ein sanfter Blick, Augen, die einen zärtlich betrachten, vermögen zu berühren. Sie vermitteln das Gefühl, angenommen zu sein. Gesten – eine mitgebrachte Blume, ein sorgsam ausgewähltes Gedicht, eine unverhoffte Karte wie „Ich denk' an dich" – signalisieren Verbundenheit.

Mathias Jung, ein erfahrener Gestalttherapeut und Philosoph, spricht gar davon, dass man älter werden müsse, um das „Meer der Zärtlichkeit" in seinem vollen Umfang zu entdecken. Er erwähnt außerdem, dass man an einem Mangel an Zärtlichkeit verhungern und verdursten kann. Was nicht verwundert, wenn man sich vor Augen führt, dass die Haut mit etwa 2 m^2 unser größtes Organ darstellt.

Sinn und Sinnlichkeit hängen eng zusammen. Jemand, der ausreichend wohlwollende Berührung und sinnliche Zuwendung erfährt, wird sich vermutlich die Frage nach dem Sinn des Lebens nicht stellen. Vielmehr wird er, frei nach Goethe, dem Moment zurufen: „Verweile doch, du bist so schön!"

REFLEXION

Sinnlichkeit und Berührung

1. Wann wurde ich zuletzt von meinem Partner berührt?

2. Welche Art von körperlicher Berührung mag ich am liebsten?

3. Welche Art von körperlicher Berührung mag mein Partner?

4. Welche Gesten und Worte berühren mich innerlich?

Hauthunger

Mittlerweile lässt sich sogar genau beschreiben, wie die Signale streichelnder Hände von der Haut in Botenstoffe übersetzt werden. Die Ausschüttung des Stresshormons Cortisol wird reduziert. Das Immunsystem wird dadurch gestärkt. Vegetative Funktionen wie Herzschlag, Atmung und Blutdruck werden stabilisiert. Hormone wie Insulin schließen die Nahrung besser auf. Letzteres ist eine Erklärung dafür, dass wachstumsgehemmte Kinder an Gewicht zunehmen und sich durch liebevolle Berührung weiterentwickeln.

„We all need a human touch", lautete ein Hit des Rockmusikers Huwey Lewis – wir alle brauchen eine menschliche Berührung. Wie bedeutsam Zärtlichkeit und Hautkontakt sind, belegen eindrucksvoll die Erfahrungen der amerikanischen Psychologin Tiffany Field vom Touch Research Institut in Florida. Sie hat sich der im Brutkasten liegenden Frühgeburten angenommen. Säuglinge, die dreimal täglich gestreichelt wurden, holten ihren Reiferückstand rascher auf. Sie konnten bis zu sechs Tage früher nach Hause entlassen werden als Kinder ohne Berührungszuwendungen. Die sensible Zuwendung von Haut zu Haut scheint vom Neugeborenen wie ein erster Gruß aufgenommen zu werden. Es spürt, dass es willkommen ist und sein Hunger nach einem fühlenden Wesen auf konkrete Weise gestillt wird. Wohlmeinende Fürsorge und Zuneigung fördern die Bindungskräfte. Das gilt auch für Erwachsene!

Hände sind die Boten unserer Gefühle. Die folgende Übung möchte Sie dazu ermuntern, gemeinsam mit Ihrem Partner eine sinnliche Erfahrung zu machen.

ÜBUNG: Die Katze zum Schnurren bringen

Vereinbaren Sie eine Zeit, in der Sie sich gegenseitig verwöhnen wollen. Für diese Übung können Sie sich bequem hinstellen, hinsetzen oder hinlegen. Sie können die Kleidung anbehalten oder ablegen. Wichtig ist, dass Sie sich damit wohlfühlen. Sprechen Sie ab, wer als Erstes die Rolle des Empfangenden einnimmt.

Der Geber beginnt nun damit, den anderen zu massieren und zu streicheln. Der Empfangende kann sagen, was ihm gefällt und wie er es gern (anders) hätte. Er kann sich vorstellen, eine schmusebedürftige Katze zu sein, die ohne Worte, nur durch genussvolles Schnurren, ihr Wohlbehagen zum Ausdruck bringt.

Wechseln Sie nach der vereinbarten Zeit die Rollen.

Spielregel: Werden Wünsche geäußert, die Sie im Moment nicht erfüllen möchten, lehnen Sie diese freundlich ab.

Nachbetrachtung

1. Haben Sie sich in der gebenden oder der empfangenden Rolle wohler gefühlt?
2. Fiel es Ihnen leicht zu sagen, was Sie wollten?
3. Wie war es, Wünsche zu erfüllen bzw. abzulehnen?

Sagen, was man wirklich möchte

In unserer sexualisierten Gesellschaft fällt es – Frauen wie Männern! – gar nicht so leicht, in intimen Kontakten ihre Wünsche nach Zuwendung und Zärtlichkeit einzubringen. „Kuschelsex“ wird von vielen belächelt, weil sie glauben, nur die raffinierte Ausführung des Geschlechtsaktes sei „in“. Ein Mann berichtet davon, wie sehr es ihn nervt, dass seine Partnerin nur an seinen Genitalien „rummacht". Eine Frau erzählt, dass sie sich nicht traut, ihren Wunsch nach „Zeit, zum Schmusen und Liebkosen" auszusprechen. „Stattdessen bediene ich seine Bedürfnisse nach Sex."

In beiden Fällen zeigt sich, dass hinter der Angst, von den tiefer liegenden Sehnsüchten zu sprechen, eine Scham verborgen liegt: „Ich will nicht als Softie oder Weichei gelten", meint der Mann. „Wenn ich ihn nicht mehr befriedige, nimmt er eine andere. Ich bin nicht sicher, ob ich dann noch seinen Ansprüchen genüge", schildert verunsichert die Frau. Doch was ist die Alternative? Zum „Gebrauchsobjekt" des anderen zu „verkommen?" Sicher nicht!

Sich selbst vertrauen

Die Kunst, sich zuzumuten, ist gefragt. Eigene Wünsche einzubringen und dem Partner zuzutrauen, damit umgehen zu können. Oder es zu lernen! Der wichtigste Schritt besteht darin, sich selbst zu vertrauen und diese Bedürfnisse anzunehmen. Wie Sie zu Beginn dieses Kapitels gehört haben, ist der Wunsch nach zärtlicher Zuwendung vollkommen normal und lebensnotwendig! Wir sind unserer Gesundheit, unserem Wohlbefinden und unserem Körper zuliebe fast dazu verpflichtet, mit diesen Gefühlsseiten achtsam und respektvoll umzugehen.

Sprechen Sie mit Ihrem Körper und fragen sie ihn, was er braucht. Die eigenen Bedürfnisse dem Partner gegenüber zu äußern ist ein wichtiger Ausdruck Ihres Selbstwertes.

Kurs halten

Ich spreche meinen Wunsch
nach zärtlicher Berührung offen aus.
Wenn ich keinen Sex möchte, stehe ich dazu!

REFLEXION

Intimsphäre

1. Ist es für mich in Ordnung, Geheimnisse voreinander zu haben?

2. Wie viel Intimsphäre gestehe ich mir selbst und meinem Partner zu?

3. Wie viel Prozent meines Innenlebens teile ich mit, wie viel Prozent behalte ich für mich?

4. Welche Bereiche und Themen teile ich gern mit meinem Partner?

5. Welche Bereiche und Themen behalte ich lieber für mich?

6. Welche Themen sind absolut tabu für mich?

7. Welche Themen sind absolut tabu für meinen Partner?

8. Haben wir Themen ausgeschlossen, über die ich dennoch gerne reden würde?

7.3 Kränkungen der Intimität – Haben wir eine Perspektive?

Der intime Bereich menschlicher Sexualität wird leicht zum Hort von Kränkungen: „Du bist gefühlskalt“, „Versager“ und „Waschlappen“ klingen in den Ohren der Empfänger erniedrigend und verletzend. „Endlich hast du abgenommen, dann brauche ich mich nicht mehr mit Fantasien von schlankeren Frauen selbst zu befriedigen“, bekam eine Frau von ihrem Mann zu hören. Eine andere entdeckte Unmengen pornografischer Videos auf dem PC ihres Freundes. Sie fühlte sich dadurch verletzt und entwertet, da die gemeinsame Sexualität immer mehr auf der Strecke geblieben war: „Er holt sich lieber einen runter, als mit mir zu schlafen. Das kränkt mich zutiefst.“

Abfällige Bemerkungen über den Körper, der als „hässlich“, „zu dick“ oder „zu dünn“ eingestuft wird, verletzen bis ins Mark. Intelligenz und Bildung sind geeignet, zum Gegenstand geringschätzender Äußerungen zu werden. Formulierungen wie „Du bist dumm“, „Besserwisser“, „Na ja, du hast ja auch nicht studiert, da kann ich wohl nicht mehr erwarten“ attackieren die geistigen Fähigkeiten.

Eine andere Frau berichtete von den Erfahrungen mit ihrer jüngeren Schwester. „In der Pubertät gab es etliche Jungen, die sich nur mit mir befreundet haben, um an meine Schwester ranzukommen. Das hat mich enorm verletzt!“

Jeder Mensch hat seine wunden Punkte und ein charakteristisches Kränkungsthema. Diese Stellen sind meist deshalb wund, weil sie wie offene Verletzungen nie gut versorgt wurden. Diese Wunden basieren oft – nicht immer – auf unverarbeiteten Erfahrungen der Vergangenheit. Beim kleinsten Druckreiz auf die Wunde wird man hochsensibel und reizbar: „Du guckst schon wieder so abfällig, hör auf, mich zu entwerten!“, hält eine junge Frau ihrem Partner bei den geringsten Anlässen entgegen. Es ist auffällig, dass kränkbare Menschen fast ausschließlich mit dem Beziehungsohr hören und jede Äußerung als negative Aussage über ihre Person werten. Diese einseitige Empfangsgewohnheit filtert verzerrt Botschaften heraus, die dem schlechten Bild von sich selbst Nahrung geben.

Die Phasen einer Kränkung

1. Die *akute Kränkungsreaktion* hängt vom Schweregrad der Verletzung, der Situation und der Persönlichkeit ab: Unkontrollierte Wut, Ohnmacht, Angst, Rückzug, weglaufen, sich betäuben, Gegenverletzungen starten, um sich schlagen, handgreiflich werden, ausflippen und Schock sind mögliche Reaktionen.
   Das Repertoire auf verletzende Äußerungen ist individuell verschieden. „Ich kann mich wegbeamen und mich in einen schlafähnlichen Zustand versetzen, wenn ich verletzt werde", beschreibt eine Frau ihren Schutzmechanismus. Sie stellt jedoch fest, dass sie sich im Nachhinein darüber ärgert, sich nicht gewehrt zu haben. Ein Mann berichtet, dass er bei Kränkungen um sich schlägt: „Dann sehe ich rot und kenne kein Pardon." Doch auch er bemerkt, dass er dadurch sich selbst und dem anderen Schaden zufügt.
2. In der zweiten Phase tritt der *Kränkungszustand* ein. In milden Fällen ist man „eingeschnappt", bei stärkeren Kränkungen „tödlich beleidigt", bei extremen Verletzungen „schockiert, paralysiert und traumatisiert". Gefühle von Zorn, Verzweiflung und Enttäuschung machen sich breit. Verlassenheitsängste und Versagensgefühle können auftauchen. Für eine Klärung auf den Kränkenden zuzugehen ist undenkbar. Dies würde als Schwäche und erneute Kränkung erlebt. Das Denken verläuft in Extremen wie „nie wieder", „schon immer", „alles".
3. Dann durchläuft man das Stadium der *Kränkungsbewältigung:* Distanz und Ablenkung sind phasenweise noch erforderlich. Man beginnt nachzuvollziehen, was geschehen ist, und sucht nach Ursachen. Die Bedeutung der Kränkung wird erfasst: Wie stark ist der Beziehungs- und Vertrauensschaden? Welche Konsequenzen sind zu ziehen? Was ist erforderlich, um mit der Verletzung weiterleben zu können? Was muss in der Beziehung anders werden?

Jede Kränkung kann die gesunden Seiten in uns wecken. Schmerzhaftes aktiviert unsere Selbstheilungskräfte. Wir tun alles, um wieder „in Ordnung" zu kommen. Die Kränkungswut hilft dabei, sich abzugrenzen. Der Rückzug fördert das Verstehen und Einordnen. Im Prozess der Selbstauseinandersetzung gewinnen wir neue Klarheit und sind bereit für weitere Schritte. Jede bewusst verarbeitete Kränkung hat das Potenzial, uns wachsen lassen.

Die Erfahrungen von Sabine und Andreas zeigen allerdings, wie schwer das ist. Ich möchte Ihnen den Weg der beiden – mit seinen Höhen und Tiefen – im nächsten Abschnitt etwas ausführlicher vorstellen. Sie können von Sabine und Andreas lernen, dass die Verarbeitung einer Kränkung möglich ist, auch wenn der Prozess in Wellenbewegungen verläuft und phasenweise schmerzhaft ist.

Ein Loch und ein Strudel – Sabine und Andreas

Eine der gravierendsten Kränkungen der Intimität ist das Fremdgehen. Lässt sich einer der Partner auf eine Außenbeziehung ein, wird die Exklusivität des körperlichen und seelischen Miteinanders aufgehoben. Das Wir-Gefühl geht verloren. Verunsicherung tritt ein. Sabine und Andreas kommen in die Paartherapie. Vor einem Jahr hatte Sabine einen schweren Unfall. Mehrere Monate lag sie im Krankenhaus. In dieser Zeit erfuhr sie von einer Affäre ihres Mannes. Zuvor hatte Andreas große Alkoholprobleme. Mittlerweile ist er seit einem Jahr abstinent. Er ist als Architekt erfolgreich, sie mit ihrer Tätigkeit als selbstständige Grafikerin zufrieden. Sie sind seit 18 Jahren zusammen und haben zwei Kinder, einen Sohn (8) und eine Tochter (12).

Nach dem ersten Schock beginnt für beide (!) eine Achterbahnfahrt der Gefühle. Die Emotionen zu regulieren ist nicht einfach.

Sabine: *Wir müssen um unsere Beziehung kämpfen. Es ist nichts mehr so, wie es war. Wir streiten uns ständig. Meine Tochter hat mir sogar einen Brief geschrieben, in dem sie uns auffordert, nicht mehr zu schreien.*

Andreas: *Der Streit vor den Kindern ist nicht gut. Wir bemühen uns schon, das nicht mehr zu machen. Aber manchmal kochen die Emotionen hoch.*

Sabine: *Das ist ja kein Wunder. In der Zeit, als ich dich am meisten gebraucht habe, hast du dich mit einer anderen vergnügt.*

Andreas: *Ja, ich habe Mist gebaut. Das tut mir leid.*

Sabine: *Das kann man wohl sagen. Die Vorstellung, dass du während meiner OPs mit einer anderen zusammen warst, finde ich unerträglich. Ich weiß nicht, wie ich dir jemals wieder vertrauen kann!*

Andreas: *Ich spüre deine Trauer und bedaure, was ich dir angetan habe.*

Sabine: *Das sagst du doch nur, um dich reinzuwaschen. Du spürst meinen Schmerz doch gar nicht. Ich fühle mich schrecklich allein.*

Andreas: *Vielleicht kann ich deinen Schmerz nur ahnen, das stimmt. Aber ich weiß nicht, wie ich dir zeigen kann, dass es mir leid tut. Alles, was ich tue oder sage, ist falsch. Ich kann es dir nicht recht machen. Manchmal verzweifle ich daran.*

Haben Sabine und Andreas eine Perspektive? Das wird sich zeigen. Das Paar befindet sich in einem Dilemma. Einerseits ist die Rollenverteilung klar. Es gibt einen Täter und ein Opfer. Andreas erkennt das an. Sabine benötigt Raum für alle Gefühle, die mit ihrer Kränkung einhergehen. Andreas ist bereit, ihr diesen Raum zu geben. Aber auch er leidet unter der Situation und gerät an seine Grenzen. Die heftigen Attacken seiner Frau setzen ihm zu. Er fürchtet, wieder in ein Loch zu fallen, und benötigt ebenfalls Platz für seine Emotionen.

Es wird deutlich, dass Sabine in dieser Hinsicht nicht für ihn da sein kann und will. Das würde sie überfordern. Wie soll sie Mitgefühl mit dem Mann entwickeln, der sie so verletzt hat? Und welche Chance hat Andreas, ihr jemals wieder nah zu sein? Wir vereinbaren, dass Andreas eine Einzeltherapie beginnt, um mit seinen Themen nicht allein zu sein. Ich bitte die beiden, mir zu schildern, wie sie ihre Beziehung erleben.

Zwei Magneten

Sabine: *Wie sind wie zwei Magneten, die sich anziehen und abstoßen. Wenn die Verletzung sich meldet, werde ich aus dem Beziehungskreis katapultiert. Ich kann mich nach einer Weile beruhigen und finde wieder positive Gefühle zu ihm. Ich gehe dann von allein wieder in den Beziehungskreis. Manchmal sind wir für Augenblicke ganz eng, das ist positiv. Andreas kommt mir entgegen.*

Andreas: *Das Bild mit den Magneten spricht mich an. Ich bin wie die Späne, die von ihr angezogen werden. Ich suche verzweifelt Sabines Nähe, wenn sie im Abwehrmodus ist. Dann bekomme ich große Angst, wieder in ein schwarzes Loch zu fallen. Aber jetzt ist da zumindest etwas Licht. Ich beschütze es, wenn ich angegriffen werde, lasse es nicht auspusten.*

Um Ruhe in die Beziehung zu bringen, treffen sie Vereinbarungen. Sabine darf die Wohnzimmertür schließen, wenn sie allein sein will. Andreas wird dies respektieren und klopfen, um zu fragen, ob er hereinkommen darf. Außerdem erklärt er sich bereit, Sabine regelmäßig Nachrichten zu schicken, um ihr zu sagen, wo er sich befindet und wann er nach Hause kommt. Sabine signalisiert Andreas ihre Bereitschaft, seine Empfindungen anzuhören, wenn es ihr möglich ist. Sie darf Stopp sagen, wenn es ihr zu viel wird.

Sabine spürt, dass Andreas sie ernst nimmt. Andreas nimmt erleichtert wahr, dass Sabine ihn nicht mehr in Grund und Boden verdammt, sondern erste Annäherungen erlaubt. Dadurch entstehen zwischen ihnen immer wieder Momente der Begegnung. Sie spüren, dass sie etwas verbindet.

Haben die beiden eine Chance? Um dies besser beurteilen zu können, ist es für beide Partner wichtig, einen Eindruck davon zu bekommen, wie jeder den aktuellen Zustand der Beziehung empfindet. Das ermöglicht eine erste Orientierung. Genauso wichtig ist die Frage, ob ein Paar sich eine gemeinsame Zukunft vorstellen kann? Und, falls ja, wie sich die Partner die Beziehung künftig wünschen.

Bei diesen Fragen können Bilder hilfreich sein (vgl. Abbildungen 7.1 und 7.2). Sie sagen mehr als 1.000 Worte.

Abbildung 7.1: Sabine: Das Loch und der Selbstschutz

Linkes Bild: So ist es jetzt

Unten befindet sich ein Loch, in das ich während des Alkoholkonsums meines Mannes gefallen bin. Durch die Affäre bin ich hart gelandet. Daraus habe ich mich Stück für Stück hochgearbeitet, nicht immer gradlinig. Jetzt stehe ich auf einem Stuhl. Da ist eine Mauer, die war vor einigen Wochen noch riesig hoch, um mich zu schützen. Jetzt ist sie kleiner geworden. Immerhin kann ich meinen Mann jetzt wieder sehen und ihm die Hand reichen.

Doch ich habe panische Angst vor seiner Doppelgesichtigkeit, den Dr. Jekyll und Mr. Hyde. Ich fürchte, der Teufel könnte mich jederzeit wieder ins Bodenlose stürzen, deswegen der Blitz.

Da sind auch Sonne, etwas mehr Freundlichkeit und Zuversicht, schöne Momente trotz allem.

Rechtes Bild: So sehe ich die gemeinsame Zukunft

Da sind wir zwei miteinander verbunden. Wir geben uns die Hand, sind aber auch eigenständig. Eingehüllt in Winterkleidung. Das ist ein Symbol für einen guten Selbstschutz, den wir beide brauchen, auch mein Mann. Die Mauer ist kleiner geworden. Darunter ist ein Loch, in das wir stürzen könnten, aber es ist kleiner geworden.

Die Erinnerung an diese schlimme Zeit wird wohl für immer bleiben. Da sind mehr Sonne und Licht. Der Blitz bedeutet Gefahr, die dann hoffentlich außerhalb unserer Beziehung ist.

Andreas – Der Strudel und zwei Herzen

Abbildung 7.2: Andreas – der Strudel und zwei Herzen

Linkes Bild: So ist es jetzt

Es ist alles so komplex und vielfältig. Da ist unten der schwarze Strudel der Vergangenheit, der bis in die Gegenwart ragt und alles mit sich reißen kann, wenn ich nicht aufpasse. Ich komme mir immer wieder ganz klein und schäbig vor. Dann bin ich der böse Täter, mache mir heftige Vorwürfe und versuche, mein kleines Herz irgendwie zu schützen. Links befindet sich ein Pfeil. Er steht für mein Alkoholproblem damals, das mich immer wieder einholen kann. Das rote Kreuz ist der Notfallkoffer für meine Suchterkrankung. Dann gibt es den Riss in unserer Beziehung, den ich zu kitten versuche. Ich versuche, Pflaster auf die Wunden zu legen. Sie sollen auch Brücken zu meiner Frau sein.

Da steht meine Frau, deren Herz zerbrochen ist, weil ich ihr so wehgetan habe. Das kleine Männchen bin ich. Ich versuche, die Arme zu öffnen und Sabine zu erreichen. Da sind andere um sie herum, Freunde. Die Reihe der Herzen soll einen Übergang darstellen, der nur langsam und in kleinen Schritten verlaufen kann. Da stehen unsere Kinder, die unsere Liebe brauchen.

Rechtes Bild: So sehe ich die gemeinsame Zukunft

Da sind zwei Herzen, jeder hat eines für sich. Ein großes umfasst und schützt uns. Wir reichen uns die Hände und sind verbunden. Da sind kleine Arme nach außen, die zeigen, dass wir andere Kontakte brauchen.

Wunden aus vergangenen Zeiten

Sabine und Andreas durchlaufen die drei Phasen der Kränkung mehrmals. Kaum haben sie sich etwas stabilisiert, bricht eine Erinnerung oder ein Thema hervor, welches Aufmerksamkeit erfordert. Beide tragen Wunden aus ihren Ursprungsfamilien in sich, die in der Bearbeitung der aktuellen Kränkung mitschwingen.

SABINE: *Ich war extrem angepasst und habe funktioniert. In meiner Familie wurde über Gefühle nicht geredet. Meine Eltern waren streng und moralisch. Ich habe viel unterdrückt und kam mir vollkommen wertlos vor. Als Jugendliche habe ich zu viel gegessen. Erst mit Mitte zwanzig habe ich zu mir gefunden und mir Wert beigemessen. Da konnte ich mir zumindest in Ansätzen sagen, dass ich etwas Besonderes bin.*

ANDREAS: *Für mich hat sich als Kind keiner interessiert. Ich war nicht gewollt. Ich konnte es meinem Vater nie recht machen. Ich fühlte mich permanent im Stich gelassen und allein. Meine Mutter hatte nur böse Kommentare für mich übrig. Sie war böse und hat mich oft bestraft.*

Grundstruktur der Beziehung

Andreas bringt sein abgelehntes und ungeliebtes Kind in die Beziehung mit. Andrea, das verunsicherte und an seinem Liebeswert zweifelnde Mädchen.

SABINE: *Ich war von Anfang unsicher, ob ich seinen Ansprüchen genüge. Ich habe es geahnt, dass er gerne flirtet. Er war etwas Besonderes für mich und ich habe mich in seinem Glanz gesonnt. Andreas sah gut aus und war beruflich erfolgreich. Das hat mich aufgewertet. Ich habe Andreas bewundert.*

ANDREAS: *Davon habe ich aber selten etwas gespürt. Im Gegenteil, ich habe mich oft gedämpft und eingeschränkt erlebt.*

SABINE: *Das habe ich vermutet. Manchmal habe ich Angst, dass du in mir deine Mutter siehst, die dir nichts gegönnt und die dich gedemütigt hat. Ich fürchte mich vor deiner Wut, die ich deutlich spüre, obwohl du jetzt wieder so nett zu mir bist.*

Andreas: *Und ich habe Angst, dass du mich verstößt und genauso abgrundtief ablehnst, wie meine Mutter es getan hat. Wenn du mich so heftig attackierst, kann ich mich kaum wehren. Aber ich habe eine Würde und muss mir trotz meines Fehlverhaltens nicht alles gefallen lassen.*

Beide ringen darum, mit ihrer Geschichte gesehen zu werden, und wollen aus den schmerzhaften Gefühlen früherer Zeiten heraus. Jetzt geht es darum, eine Haltung sowohl zu den schwierigen Gefühlen des Partners als auch zu den eigenen zu finden. Gemeinsam haben sie einen entscheidenden Schritt gemacht. Sie haben anerkannt, dass nicht mehr der andere als Feind zu betrachten ist, sondern die alten Verletzungen, die bis vor Kurzem zu heftigen Eskalationen führten. Sie vereinbaren, dass jeder seine Themen einbringen darf, wenn der andere zustimmt und dazu bereit ist. Diese Entscheidung beinhaltet, die eigenen Emotionen für eine Weile zurückzustellen und dem anderen zuzuhören.

Sabine: *Früher war er das Licht, in dem ich mich gesonnt habe. Heute habe ich selber Licht. Es ist Liebe, die mich mit ihm verbindet. Ich brauche dich nicht mehr, aber liebe dich!*

Andreas: *Ich brauche dich, aber nicht um jeden Preis! Du bist die Frau meines Lebens! Ich möchte dich bitten, mich trotz allem fair zu behandeln.*

Die Wogen glätten sich

Sie fahren probehalber getrennt in den Urlaub, um zu sich selbst zu finden und mit Abstand herauszufinden, welche Gefühle sie füreinander haben. Beide spüren, wie viel sie einander bedeuten, und sind glücklich über diese Erfahrung. Sie beschließen, in ein neues Haus zu ziehen.

Ihre Gespräche verlaufen jetzt auch außerhalb der Paarsitzungen konstruktiv. Sie berichten davon, dass sie schon früher teilweise heftig gestritten haben und damit zurechtgekommen sind. Miteinander streiten zu können sei ein wichtiger Teil ihres Beziehungslebens, den sie beibehalten möchten. Jetzt allerdings mit mehr Rücksichtnahme! Es gelingt ihnen zunehmend, sich in einem beruhigten Modus über ihre Gedanken und Gefühle auszutauschen. Sabine erinnert sich an die Symbolik der Wintermäntel in ihrem Wunschbild:

Sabine: *Ich habe verstanden, dass wir – jeder für sich – Schutz, Selbstfürsorge und Selbstliebe benötigen. Wir haben beide unsere Wunden! Die Wogen glätten sich immer mehr. Meine emotionalen Explosionen werden seltener und sind nicht mehr so intensiv.*

ANDREAS: *Mich entlastet das. Wir lachen wieder miteinander und küssen uns. Das nehmen auch die Kinder wohlwollend war. Sie haben anscheinend keine Angst mehr, dass wir uns trennen.*

SABINE: *Vor einigen Tagen ging es bei mir nachts innerlich wieder los. Es gab brennende Fragen in mir, die ich Andreas unbedingt stellen musste. Doch ich habe mich erst mal zurückgezogen und auf dem Sofa übernachtet. Mich selbst zu regulieren gelingt besser. Am nächsten Morgen habe ich Andreas dann gefragt, ob er bereit ist, mir meine Fragen zu beantworten.*

ANDREAS: *Ich konnte das annehmen, weil es gelassener rüberkam. Es waren dann zwar viele Fragen, aber es ging.*

SABINE: *Vor allem hat Andreas alle Fragen beantwortet, ohne groß rumzueiern. Das hat mit gutgetan. Er hat mich ernst genommen und verstanden, wie wichtig mir ehrliche Antworten sind.*

ANDREAS: *Ich liebe meine Frau und sehe mich in der Verantwortung, sie damit nicht allein zu lassen. Auch, wenn es mir manchmal schwerfällt, weil es meine eigenen Wunden und mein Fehlverhalten berührt. Ich muss dann ja jedes Mal wieder in den Spiegel blicken und anerkennen, dass ich es war, der ihr Leid zugefügt hat.*

SABINE: *Sein Bedauern und sein Eingeständnis kommen jetzt bei mir an. Ich bin zwar skeptisch, aber da wächst wieder etwas Vertrauen. Irgendwie habe ich auch in den schlimmsten Zeiten der Eskalation seine Liebe gespürt. Und meine auch!*

ANDREAS: *Das berührt mich. Du hast mich nie alleingelassen, obwohl ich so ein Schwein war. Wie sehr ich dich liebe, weißt du. Dass ich dir und mir das angetan habe, erschreckt und entsetzt mich immer wieder.*

SABINE: *Unsere Beziehung war schon immer leidenschaftlich und hatte Feuer. Wir waren uns immer nah. Das ist auch im größten Schmerz nie weggegangen. Unsere Beziehung ist schon was Besonderes.*

ANDREAS: *Ja, das ist so. Ich bin dir dankbar, dass du bei mir geblieben bist.*

SABINE: *Ich kann jetzt anerkennen, dass ich diese Verletzung wohl ein Leben lang mit mir tragen werde. Aber ich kann jetzt besser damit umgehen und mich um diese Wunde kümmern.*

Die beiden entscheiden sich, die Paartherapie zu beenden. Sie haben Vertrauen in sich selbst gefunden und es weitestgehend stabilisiert. Sie geben sich eine Chance!

Es gibt zwei Arten von Schmerz

Es gibt zwei Arten von Schmerz: den Schmerz der Wunde und den Schmerz des Bohrens in der Wunde. Beide Arten haben Sabine und Andreas kennengelernt. In der Phase der heftigen Kränkungsreaktion wurde heftig in den Wunden gebohrt, sodass sich beide schützen mussten. Das ist verständlich, wenn die Kränkungswut noch groß ist.

Was ich an den beiden schätze, ist ihr Mut, die Konflikte nicht zu verdrängen. Sie packen ihre Themen auf den Tisch. Dadurch werden sie greifbar. Die Gefahr, dass die zu den Kränkungen gehörenden Gefühle später immer wieder reaktiviert werden, wird dadurch geringer. Die Zeit heilt eben nicht alle Wunden, besonders dann nicht, wenn sie nicht von Vorwürfen aller Art gereinigt werden. Ohne eine aktive Auseinandersetzung werden die Wunden zugedeckt, aber unterschwellig brodeln Wut, Schmerz, Verzweiflung, Trauer und Angst im Untergrund weiter. Zudem besteht das Risiko, sich durch übermäßige Zurückhaltung selbst zu verletzen. Das folgende, Buddha zugeschriebene Zitat bringt es auf den Punkt:

„An Ärger festzuhalten ist, wie wenn du ein glühendes Stück Kohle festhältst mit der Absicht, es nach jemandem zu werfen. Derjenige, der sich dabei verbrennt, bist du selbst.“

Muss man verzeihen?

Ich vermute, dass die meisten Menschen es wichtig finden, verzeihen zu können. Doch ist man dazu ebenso bereit und in der Lage, wenn man selbst betroffen ist?

Verzeihen hat nichts mit Vergessen zu tun! Im Gegenteil, denn oft ist die Erinnerung eine wichtige Stütze bei der Verarbeitung und dient als Mahnmal. Heilsamer ist es, eine distanzierte Perspektive auf das Geschehen einzunehmen, um das Erlebte adäquat einordnen zu können.

Das Verzeihen gehört den Verletzten! Sie entscheiden darüber, wann und in welcher Form sie beispielsweise eine Entschuldigung annehmen. Wer verzeiht, tut dies nicht aus einer Position der Schwäche, sondern der Stärke.

Der Prozess des Verzeihens benötigt Zeit. Ein kleines Vergehen lässt sich schneller verzeihen als eine gravierende Verletzung. Es ist gut, zu wissen, dass es dafür kein richtiges oder falsches Tempo gibt. Verzeiht man eine bedeutende Verletzung zu schnell, etwa weil man die damit einhergehende Spannung nicht aushält, kann die Botschaft vom Gegenüber falsch verstanden werden: „Ach, so schlimm war es dann wohl nicht!“ Wie man bei Sabine und Andreas sehen kann, ist die Devise „Schwamm drüber, vergessen wir die Sache!“ nicht angebracht. Bei Bindungsverletzungen ist diese Strategie nicht nur unangemessen, sondern fast unmöglich.

Es kommt vor, dass ein Schmerz so groß ist, dass es nicht mal in der Fantasie möglich ist, sich ein Verzeihen vorzustellen. Das ist in Ordnung. Es kann sein, dass man dafür mehr Zeit braucht oder niemals bereit sein wird oder sein möchte. Dafür sollte man sich nicht tadeln oder Vorwürfe machen. Zu verzeihen bedeutet, dass man die Wahl hat, ob man etwas vergibt oder nicht. Es liegt vollkommen in der Hand des Verletzten, ob er die Verzeihung gewährt oder nicht.

Verzeihen ist ein Prozess

Verzeihen ist kein einmaliger kurzer Akt, sondern ein Prozess, durch den ein Verletzter sich in der Phase der Kränkungsbewältigung hindurchkämpft. Dies kann durchaus ein rationaler Prozess sein. Vor allen Dingen sollte klar sein, was man verzeihen will. Dazu ist es notwendig, genau zu benennen, worin die Kränkung besteht:

Was war für mich das Schlimmste an einem Verhalten oder einer kränkenden Situation?

Dieser Schritt benötigt, je nach Schweregrad der Kränkung, seine Zeit. Sich zu einer Verletztheit konkret zu bekennen bedeutet, sie anzuerkennen und nicht mehr vor sich selbst zu verleugnen. Wartet man darauf, dass der andere vollständig einsieht, was er getan hat, bevor man den eigenen Schmerz anerkennt oder loslässt, gibt man ihm zu viel Macht. Indem man sich die Verletzung aneignet, akzeptiert man, dass sie zu einem gehört. Man übernimmt Verantwortung dafür, wie man mit seiner Wunde umgehen will. Dies liegt nicht mehr in der Macht des anderen. Man verarztet sich selbst und entlässt sich emotional aus der Rolle des Opfers. Durch diesen Schritt gewinnt man einen Teil seiner Selbstachtung und Handlungsfähigkeit zurück.

REFLEXION

1. Gibt es eine intime Kränkung in unserer Beziehung, die ich (noch) nicht verzeihen kann oder will?

___

___

2. Unter welchen Bedingungen könnte ich verzeihen?

___

___

3. Gibt es etwas daran, das ich unverzeihlich finde?

___

___

4. Kann ich damit leben?

___

___

Kurs halten

Ich prüfe sorgfältig,
was ich wirklich verzeihen kann,
und verzeihe mir selbst,
wenn ich etwas (noch) nicht verzeihen kann –
dafür wird es gute Gründe geben!

8. | Was wirklich wesentlich ist

Die folgenden Überlegungen stellen eine Art Quintessenz dar, die sich im Laufe der Jahre durch viele Gespräche mit Paaren gebildet hat. Sie sind nicht in Stein gemeißelt oder erheben gar den Anspruch, allgemeingültig zu sein. Was mich die Begleitung mit Paaren gelehrt hat, ist eine gewisse Demut. Menschen befinden sich in dynamischen Prozessen. Sichtweisen und Empfindungen können schon morgen einen anderen Stellenwert besitzen als am Tag zuvor. Die Thesen möchten zum Nachdenken anregen. Im günstigsten Fall tragen sie dazu bei, den eigenen Standpunkt zu finden, zu bestätigen oder neu zu definieren.

8.1 Anteilnahme: Resonanz und Echo

Wir haben alles gemeinsam durchgestanden – einschließlich der Konfektionsgrößen M, L, XL und XXL!

Ich liebe dich so, wie du bist! Sie erinnern sich daran, dass dies im Grunde ein unmögliches Unterfangen ist. Wie Sie wissen, besteht der Ausweg darin, zumindest das Anderssein des Partners anzuerkennen. Dazu bedarf es der Fähigkeit, am Befinden und Erleben des Partners Anteil nehmen zu können. Der Begriff „Anteilnahme" scheint vom Aussterben bedroht zu sein und lediglich bei gravierenden Verlusten und Beerdigungen noch seine Berechtigung zu haben. Doch ich plädiere dafür, ihm einen gebührenden Platz in einer Beziehung einzuräumen. Warum?

In Paartherapien begegnen mir immer wieder Männer und Frauen, denen der eigene Bauchnabel näher liegt als die Verbundenheit mit dem Partner. Man hat gelernt, sich selbst ernst zu nehmen, eigene Bedürfnisse zu formulieren und sie vehement einzufordern, so als hätte man selbstverständlich ein Recht darauf, sie vom Partner umgehend erfüllt zu bekommen. So erfreulich es ist, Wünsche wahrzunehmen und sie zu vertreten, so unerfreulich ist die häufig damit einhergehende Penetranz und Rücksichtslosigkeit: „Egal, wie es für dich ist, ich brauche das nun mal!" Der Partner wird dann zum Erfüllungsgehilfen der eigenen Begierden degradiert und dessen Befinden ausgeblendet. Doch eine Konsumhaltung untergräbt auf Dauer nicht nur die Ausgewogenheit von Geben und Nehmen, sondern zugleich die Bereitschaft, dem anderen mit Wohlwollen zu begegnen.

Ich verstehe Anteilnahme als eine *Haltung*, die das Wohlergehen des Partners *mit* im Blick hat. Es meint weder die selbstlose Vernachlässigung eigener Belange noch das aggressive Einfordern aus einer rein egoistischen Perspektive heraus. Es geht vielmehr um die Balance zwischen diesen beiden Polen und diesen zwei Menschen. Eine Beziehung bedarf des Miteinanders, des Auslotens dessen, was lebbar und möglich ist. Dazu gehört, den Partner in seiner Individualität wahrzunehmen und in gewisser Weise *mitzudenken.*

Anteilnahme hat mit Respekt zu tun. Mit einer Haltung, die respektiert, dass mein Beziehungspartner Grenzen hat, Ängste und Sorgen in sich trägt und eigene Bedürfnisse und Wünsche hegt. Beide Partner benötigen ein Echo auf ihre Anfragen, Gedanken und Empfindungen. Nur so entsteht Resonanz, nur so kann es gelingen, sich auf eine gemeinsame Wellenlänge einzuschwingen und in den Genuss erfüllender Begegnungen zu gelangen.

Anteilnahme. Haltung. Respekt. Ganz schön altmodische und langweilige Dinge! Ausloten – Resonanz – Echo. Ein ganz schön öder Dreiklang, oder? Dennoch werbe ich für diese grundlegenden Tugenden und Fähigkeiten, weil ich in vielen Paartherapien erlebt habe, dass sie zu mehr Zufriedenheit und Stabilität einer Beziehung führen.

Anteilnehmen beinhaltet, ein wirkliches Interesse am anderen zu haben; so, wie man mit einem guten Freund mitfühlt und bemüht ist, ihn zu verstehen. Dazu gehören einfache Fragen und eine Portion Neugier:

- *Wie sieht die Situation aus deiner Sicht aus?*
- *Was beschäftigt dich?*
- *Wie geht es dir damit?*
- *Erzähl mal!*

Möglicherweise erscheint Ihnen das zu banal. Doch sich auf das Wesentliche zu besinnen, Fragen zu stellen und Interesse zu bekunden ist ein guter Humus für den Beziehungsboden. Füreinander – statt gegeneinander – da zu sein, am Leben und Innenleben des Partners teilzunehmen schafft Verbundenheit.

8.2 Eine gute Beziehung ist besser als eine ideale

Nun könnten Sie zu recht einwenden: „Wenn es doch so einfach wäre!“ Natürlich ist es das nicht. Es wird immer wieder Anlässe geben, die einen ins Wanken bringen. Externe Belastungen, Stress und Konflikte werden von Zeit zu Zeit zu emotionalen Reaktionen, Ängsten und Beunruhigung führen. Anteil zu nehmen und Ruhe zu bewahren ist keine Kunst, wenn man ruhig und gelassen ist.

Eine anteilnehmende Haltung zu entwickeln, sie beizubehalten und zu pflegen ist ein lebenslanger Prozess. Ich beobachte immer wieder, dass manche Paare lieber ihre Beziehung opfern, als die Idealvorstellungen loszulassen. Sicher gibt es gute Gründe für eine Trennung, doch das Festhalten an überzogenen Erwartungen sollte nicht dazugehören.

Ich bin mittlerweile davon überzeugt, dass diejenigen, die sich mit einer gewissen Unvollkommenheit der Beziehung – und der des Partners – arrangieren können, eine gute Chance auf eine solide und zufriedenstellende Partnerschaft haben. Denn wie heißt es so treffend: Idealisten leiden immer! Da war Kurt Tucholsky schon realistischer: „Die Ehe war zum jrößten Teile vabrühte Milch un Langeweile. Und darum wird beim happy end im Film jewöhnlich abjeblendt."

Fazit: Eine gute Beziehung ist besser als eine ideale!

Gefühle verstehen lernen und differenzieren – Elke und Bernd

Und woher weißt du, wann das Ei gut ist? – Ich nehme es nach viereinhalb Minuten heraus, mein Gott! – Nach der Uhr, oder wie? – Nach Gefühl, eine Hausfrau hat das im Gefühl! – Im Gefühl? Was hast du im Gefühl? – Ich habe es im Gefühl, wann das Ei weich ist. – Aber es ist hart. Vielleicht stimmt da mit deinem Gefühl was nicht! – Mit meinem Gefühl stimmt was nicht?

(Schön anzusehen unter: ↗ https://www.youtube.com/watch?v=YcwAuS3MVmM)

Victor von Bülow, besser bekannt als Loriot, bringt das Dilemma in diesem legendären Sketch auf den Punkt: Man fühlt etwas und vertraut diesem Gefühl, weil man es eben fühlt. Doch der Partner kann damit nichts anfangen und vermutet, dass damit etwas nicht stimmt.

Ich würde Victor von Bülow einerseits widersprechen und ihm entgegenhalten: „Mit unseren Gefühlen ist alles in Ordnung. Sie enthalten wichtige Informationen über das, was wirklich los ist." Andererseits gebe ich ihm recht, denn die reine Benennung eines Gefühls sagt wenig über dessen Entstehung und Bedeutung aus. Der Sinngehalt eines Gefühls erschließt sich in Beziehungen nicht immer sofort. Und mitunter weiß man selbst nicht so genau, was man empfindet und warum man fühlt, was man fühlt. Dann gilt es genau hinzuschauen, um dann wie ein Höhlenforscher hinabzusteigen und genauere Erkundungen im eigenen Gefühlsleben vorzunehmen.

Geben Sie sich nicht mit dem ersten Blick auf ein Gefühl zufrieden. Machen Sie die Stirnlampe an und nehmen Sie es genauer unter die Lupe! Achten Sie auf die Details!

„Und warum soll ich das tun?", werden Sie sich fragen. Weil sich Gefühle rasend schnell einstellen und dann handlungsleitend werden! Insbesondere Ärger, Angst, Kränkungen und unerfüllte Sehnsüchte verführen in Beziehungen dazu, impulsiv und unbedacht zu handeln – und voreilige Schlüsse zu ziehen.

Was gehört wohin?

Hinzu kommt, dass unsere Gefühlswelt komplexer ist, als wir annehmen. Ein Gefühl kommt selten allein. Ärger kann Angst im Schlepptau haben, Verzweiflung mit Hilflosigkeit und Zorn gepaart sein und eine Kränkung mit Sehnsucht einhergehen. Liebe kann sich in Hass verwandeln und Schmerz mit Lust zusammengehen.

Um als Paar voranzukommen, bedarf es der Ausdifferenzierung des eigenen Erlebens. Dies bedeutet, sich die emotionalen Puzzleteilchen anzusehen und zu fragen, „Was gehört wohin?" Dadurch entsteht ein besserer Überblick über das Gefühlsleben. So wie eine Landkarte, an der sich beide orientieren können. Dabei gilt es, Augenmerk auf Empfindungen zu richten, die sich unmittelbar auf die *Verbundenheit* oder die *Un-Verbundenheit* mit dem Partner beziehen.

Um dieses Ausdifferenzieren bemühen sich Elke und Bernd. An ihren Erfahrungen wird deutlich, wie mühsam – und zugleich lohnend – dieser Prozess sein kann. Deswegen stelle ich sie etwas ausführlicher vor.

Wir haben uns meilenweit entfernt

Elke und Bernd sind seit 28 Jahren zusammen. Sie haben eine 19-jährige Tochter und einen 13-jährigen Sohn. Sie kommen in die Paartherapie, weil sie sich *meilenweit voneinander entfernt haben.* Zunächst sind beide der Ansicht, dass die unterschiedlichen Vorstellungen darüber, wie man mit dem pubertierenden Sohn umgehen sollte, sie entzweit haben. Elke findet, Bernd würde ihn zu oft kritisieren und zu wenig wertschätzen. Sie möchte nicht *wie ein Hofhund oder eine Angestellte* gerufen werden, die den Sohn *mal übernehmen* soll, wenn Bernd nicht mehr weiterkommt.

Ihm hingegen ist es wichtig, seinem Sohn Grenzen aufzuzeigen und ihn auf sein *unmögliches* Verhalten hinzuweisen. *Zweimal ist mir die Hand ausgerutscht, als er mich ignoriert und verbal angegriffen hat. Das bereue ich zutiefst.* Zugleich macht er sich Sorgen, weil sein Sohn zu einem Stubenhocker mutiere, der wenig Interesse an anderen Freizeitaktivitäten habe.

Elke berichtet: *Mein Fass an Trauer und Enttäuschung ist dabei überzulaufen.*

Bernd hat seinen Frust und seinen Ärger lange aufgestaut, einmal wird er laut und brüllt sie an. Hinzu kommt, dass Elke sich seit vielen Jahren *infrage gestellt* fühlt. Sie wirft ihrem Mann vor, sie durch spitze Bemerkungen über ihre Arbeitszeiten immer wieder zu verletzen. Dabei hatte sie ihr Arbeitspensum vor einiger Zeit reduziert. Ihr fehlt die Wertschätzung für ihr Engagement, *schließlich tue ich das ja für uns und die Familie!* Sie ist die Hauptverdienerin und arbeitet als Geschäftsführerin eines mittelständischen Unternehmens oft bis in die Abendstunden und am Wochenende. Bernd arbeitete als Steuerberater in Teilzeit. Er kümmert sich vorwiegend um die Kinder. Er konnte mit diesem Modell lange gut leben. Allerdings gab es viele Jahre, in denen er darunter litt, kaum Zeit mit seiner Frau verbringen zu können:

BERND: *Das tat weh. Sie hat viel gearbeitet, stundenlang im Auto und im Urlaub telefoniert. Der Job stand immer an erster Stelle, dann kam lange nichts, dann erst wir. Das hat die Zweisamkeit aufgefressen.*

Ich habe mein Ding gemacht

Eine Zeit lang versuchten beide, verbindliche Zeiten füreinander zu finden. Doch oft waren sie erschöpft und benötigten die Zeit zur Regeneration. Bernd fühlt sich zunehmend allein und in seiner Rolle nicht gewürdigt: *Ich habe mich innerlich immer weiter zurückgezogen und mein Ding gemacht.* Er wünscht sich seine Frau, besonders gegenüber den Problemen mit ihrem Sohn, *öfter an seiner Seite.* Elke fehlt mehr Nähe:

ELKE: *Physisch und innerlich. Sex möchte ich im Moment nicht. Wir sind wie eine WG. Früher sind wir uns in Wellen mal näher gewesen. Jetzt möchte ich manchmal einfach nur reden, doch ich bin gehemmt, über meine Arbeit zu sprechen. Ich befürchte, Vorwürfe zu bekommen. Wenn Bernd Lösungsvorschläge macht, kommt es mir so vor, als wäre ich zu blöd und alle Probleme würden nur an mir liegen.*

Geheiratet haben die beiden erst vor acht Jahren. Elke erklärt, warum so spät:

ELKE: *Ich hatte immer das schlechte Vorbild meiner Eltern vor Augen. Meine Mutter hatte das Sagen. Sie war anfangs für mich da, später habe ich mir ihre Probleme anhören müssen. Die Ehe meiner Eltern war unglücklich, es gab Streit, nichts Liebevolles, keine Nähe. Sie haben sich leider nie getrennt. Ich habe nichts von mir gezeigt und mich lieber rausgehalten, war innerlich abwesend und hatte Angst, zurückgewiesen zu werden. So bin ich lange im Türrahmen zur Ehe stehen geblieben, ohne mich binden zu wollen.*

Der Ehering

Da Elke sich nicht länger von den Ängsten ihrer Kindheit blockieren lassen wollte, entschied sie sich bewusst dafür, zu heiraten. Doch sie wurde enttäuscht:

ELKE: *Ich hatte gehofft, dass dann mehr Nähe zwischen uns entsteht. Doch stattdessen waren wir oft gereizt und von den Kindern oder der Arbeit vereinnahmt. Vor einigen Jahren haben wir es zum ersten Mal mit einer Paartherapie versucht. Als Bernd sich bei einer Familien-Aufstellung weit von mir weg platzierte, wurde mir klar, wie viel Distanz sich zwischen uns aufgebaut hatte. Da kamen mir die Ehe und meine Vorstellung von Nähe wie eine Illusion vor. Danach habe ich meinen Ehering abgelegt!*

Im folgenden Kurzurlaub darf Bernd das Bad nicht mehr betreten, wenn Elke sich ankleidet. Sie schließt die Tür ab und möchte für sich sein. Bernd schmerzt dies sehr. Er kommt aus einer Familie, in der er früh gelernt hat, vieles mit sich selbst abzumachen. Seine Mutter starb, als er neun Jahre alt war. Der Vater heiratete bald darauf und die neue Frau brachte ein „Sorgenkind" aus ihrer ersten Ehe mit:

BERND: *Meine Schwester war behindert und absorbierte die ganze Aufmerksamkeit. Für mich blieb nichts übrig. Ich habe mich durchgewurschtelt. Was sollte ich machen? Zurückgewiesen zu werden und keine Verbindung mehr zu meiner Frau zu spüren ist schwer auszuhalten, unerträglich!*

Vor dem Hintergrund seines frühen Verlustes und der Situation in seiner Herkunftsfamilie ist dies nachvollziehbar. Verständlich ist auch seine Sehnsucht. Er wünscht sich, endlich wieder *Händchen halten* zu können.

Wir sind eine Beziehung eingegangen, weil wir beide Distanz suchten

Elke und Bernd brauchen die ersten Stunden der Paartherapie dafür, *überhaupt wieder miteinander ins Gespräch zu kommen.* Sie benötigen Zeit, um sich gegenseitig wieder Einblick in ihre Gefühlswelt zu geben. Die beiden nutzen den Raum, um vergangene Situationen anzusprechen, in denen sie sich zurückgewiesen und verletzt fühlten. Beim Blick auf die Beziehungserfahrungen in ihren Ursprungsfamilien kommt Elke zu der überraschenden Erkenntnis:

ELKE: *Wir sind wohl eine Beziehung eingegangen, weil wir beide Distanz suchten – und doch jemanden in der Nähe brauchten!*

Erfreulicherweise gelingt es ihnen zunehmend besser, die Empfindungen des anderen nachzuvollziehen und anzuerkennen. Beide werben um Verständnis für ihre Sicht der Dinge. Sie betrachten ihre Probleme mit mehr Abstand und ordnen sie neu ein. Elke vermutet:

ELKE: *Die Konflikte zwischen meinem Mann und unserem Sohn sind deswegen so schwer auszuhalten, weil sie mich an die zahlreichen Streitigkeiten in meinem Elternhaus erinnern. Ich sehne mich nach Ruhe und Harmonie.*

BERND fängt an, neu über sich nachzudenken: *Ich bin autoritär, vielleicht sogar zu sehr. Von meinem Vater kenne ich es nicht anders. Zuspruch gab es selten. Vielleicht muss ich da umlernen und mehr loben. Aber geht das überhaupt?*

Im Alltag rücken sie jetzt näher zusammen. Bernd setzt sich abends zu seiner Frau auf das Sofa. Elke empfindet dadurch etwas mehr Vertrautheit und Nähe, ist aber verunsichert, ob Bernd das wirklich will oder nur ihr zuliebe tut. Bernd versichert ihr, dass er neben ihr Wärme und Nähe spürt und sich zu ihr setzt, weil sie ihm etwas bedeutet. Elke kommt durch die Initiative von Bernd auf einen ihr zunächst unangenehmen Gedanken:

ELKE: *Ich denke schnell, die Erwartungen anderer erfüllen zu müssen. Es ist mir peinlich, das zu sagen, aber ich k*ann es kaum annehmen, wenn mein Mann etwas mir zuliebe tut.

Ein Schritt nach vorn und aufeinander zu

Halten wir kurz inne. Am Beginn der Therapie fungierte der Paartherapeut als Übersetzer und Moderator. Beide fielen schnell in ihre alten Muster zurück, fühlten sich nicht gehört, schnell gekränkt oder missverstanden. Erst nach einer Phase der Erkundung ihrer gemeinsamen Beziehungsgeschichte und der früheren Erfahrungen bildet sich ein Boden, auf dem sie jetzt Neues wagen. Es ist zu spüren, dass Elke und Bernd sich mehr Nähe wünschen und ihre Kommunikation verbessern wollen. Sie haben den Eindruck gewonnen, dass man sich *immer noch zu sehr auf das Problematische konzentriert.* Jetzt möchten sie lernen, wie man ein gutes Gespräch führt und sich wertschätzt.

Ich greife diesen Wunsch auf. Um dafür Sorge zu tragen, dass sie keinen Misserfolg erleben und frustriert sind, schlage ich folgende Spielregeln vor:

ÜBUNG: Positive Erfahrungen austauschen – Spielregeln

1. Es darf nur über eine positive Erfahrung mit dem Partner gesprochen werden.
2. Jeder hat fünf Minuten Zeit.
3. Der andere hört lediglich zu. Nur kurze Verständnisfragen sind erlaubt. Es soll kein Dialog werden.
4. Besonderes Augenmerk soll der Sprechende auf die positiven Gefühle legen, die diese Erfahrung in ihm ausgelöst hat.
5. Er soll dabei zum anderen sprechen und ihn ansehen.

Wie schön du bist!

Bernd fällt sofort etwas ein. Er hat sich ein Fotoalbum mit Aufnahmen aus den ersten Jahren ihrer Beziehung angesehen:

BERND: *Beim Durchblättern des Fotoalbums habe ich alte Bilder von dir gefunden und habe entdeckt, wie schön du warst – und das ist bis heute so geblieben. Ich spüre ganz viel Wärme und den Wunsch, dir körperlich näher zu kommen.*

Elke erzählt von ihrer letzten gemeinsamen Reise. Dort besuchten Sie Freunde von ihr, die sie lange nicht gesehen hatte:

ELKE: *Du hast mir einige Tage vor der Abfahrt gesagt, dass du dich nach mir richtest. Du hast die Gestaltung der Tage mir überlassen, das hat mich berührt. Als hättest du verstanden, wie wichtig mir diese Besuche sind.*

Ich habe dieses Gespräch auf ihre emotionale Essenz reduziert. Fairerweise sei gesagt, dass der tatsächliche Gesprächsverlauf zunächst etwas holprig war. Bernd fiel es schwer, nicht gleich zu kommentieren und offen zuzuhören. Elke tastete sich nur langsam an ihre zarten Gefühle heran. Im Nachhinein hebt sie hervor, wie wichtig der Augenkontakt für sie war:

ELKE: *In seinen Augen habe ich Interesse an mir gespürt und ihm geglaubt, dass ich ihm etwas bedeute.*

BERND ergänzt: *Mir hat es gutgetan, gewürdigt zu werden. Das war ein gutes Gespräch.*

Wohin soll die Reise gehen?

Elke und Bernd wollen darauf aufbauen. Sie erfahren wieder mehr voneinander und haben den Eindruck, sich auf einem guten Weg zu befinden. Ich schlage ihnen vor, eine kleine Rast einzulegen und in einem Kreisbild auszudrücken, wie sie die Beziehung im Moment erleben. Und in einem anderen, wohin die Reise gehen soll (vgl. Abbildungen 8.1 und 8.2).

Elke

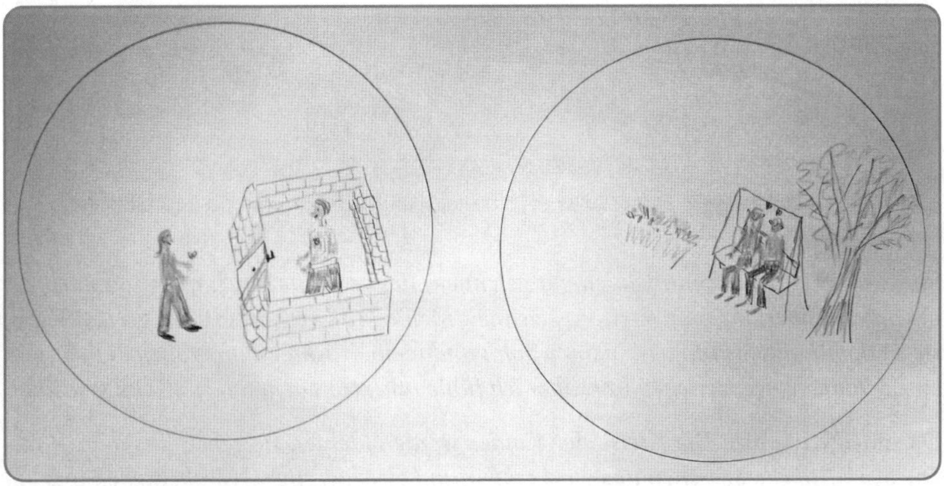

Abbildung 8.1: Elke: So ist es jetzt (links) und da möchte ich hin (rechts)

So ist es jetzt: *Ich stehe vor einer Mauer. Da sind eine Tür und ein Raum, darin befindet sich mein Mann. Er hat eine Türklinke, aber die Tür lässt sich nur von innen öffnen. Wenn ich ein Bild vom Anfang der Therapie gemalt hätte, wäre er in einer Burg eingeschlossen gewesen, doch da hat sich einiges verändert. Wir sehen uns jetzt besser und jeder hat ein Herz. Er hat kein Ohr. Das ist ein Symbol dafür, dass er mich oft nicht hört. Ich wünsche mir, mehr von ihm gehört zu werden. Ich würde gern mehr Einblick in sein Innenleben gewinnen.*

Da möchte ich hin: *Wir sitzen nebeneinander in einer Hollywoodschaukel. Jetzt haben wir beide Ohren und hören uns. Ich bin mit der Hand mit ihm verbunden. Unsere Herzen befinden sich in der Mitte über uns. Wir haben mehr Nähe. Der Baum und die Wiese bedeuten, dass der Austausch zwischen uns selbstverständlicher und natürlicher geworden ist.*

Bernd

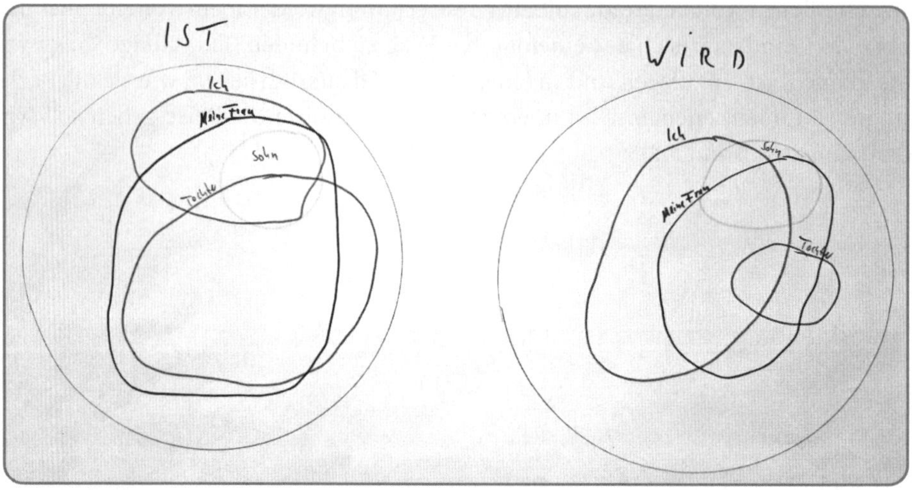

Abbildung 8.2: Bernd: So ist es jetzt (links) und da möchte ich hin (rechts)

So ist es jetzt: *Ich kann nicht so gut zeichnen, deswegen habe ich es mir einfach gemacht und überlappende Kreise gezeichnet. Meine Frau verkörpert den großen Kreis, sie ist dominant. Sie umfasst meinen Sohn und meine Tochter zum großen Teil. Es gibt eine Schnittmenge zwischen uns, aber ich fühle mich trotzdem an den Rand gedrängt.*

Da möchte ich hin: *Die Kreise der Kinder werden kleiner, sie gehen aus dem Haus. Die Schnittfläche zwischen uns wird größer und gleichwertiger. Wir begegnen uns auf gleicher Höhe.*

Elke und Bernd hören sich interessiert zu. In der Nachbesprechung ziehen sie ein erstes Fazit:

ELKE: *Es freut mich, dass mein Mann das gleiche Ziel hat wie ich und mehr Verbundenheit sucht. Wenn er sagt, dass wir schon auf einem guten Weg sind, beruhigt mich das. Ich war am Anfang unsicher, ob er sich nur widerwillig in die Therapie geschleppt hat. Und ich möchte mich mehr für mich einsetzen und egoistischer sein. Ich bin zwar schon besser geworden und halte mit meiner Meinung nicht mehr so hinter dem Berg, aber ich denke immer noch zu viel an andere.*

BERND: *Mir kommt es so vor, als würde die Hauptaufgabe bei mir liegen. Ich müsste mehr Steine abbauen. Wahrscheinlich schlucke ich immer zu viel runter und staue zu viel auf. Ich muss lernen, nicht mehr alles mit mir selbst abzumachen. Ich wünsche mir, dass meine Frau mehr Grenzen setzt und mehr Raum für unsere Zweisamkeit einrichtet.*

Ein neuer Resonanzraum

Der Prozess von Bernd und Elke zeigt, wie wichtig es ist, sich Zeit zu lassen. Im Eilzugtempo würde vieles übersehen und es wären keine grundlegenden Veränderungen möglich. Denn es braucht ein Mindestmaß an Vertrauen, sich dem anderen zu öffnen, das innere Erleben zu beschreiben und zu sortieren. Sorgfältig zu erfassen, welche Aspekte in eine Beziehung hineinwirken, erfordert Ruhe und Geduld. Dann wird es möglich, von sich zu sprechen und dem Partner Raum für dessen Gefühle, Ansichten und Belange zu gewähren.

Ein Paar kann dann beginnen, wieder *miteinander* zu reden statt gegen und über einander. So entsteht ein neuer Resonanzraum, in dem Bedürfnisse formuliert und zunehmend positiv beantwortet werden. Bernd und Elke haben ihre eigenen Schwachpunkte erkannt und sind bereit, dafür Verantwortung zu übernehmen. Dies ist ein wichtiger Schritt, weil die Ursachen der Paarprobleme nicht mehr ausschließlich im anderen verortet werden. Dadurch werden beide entlastet und die Bereitschaft steigt, an sich zu arbeiten und sich für die Beziehung zu engagieren.

Einander zugeneigt sein

Ich denke, ich muss meinen Freund zurücklieben, wenn er mir Liebesgefühle entgegenbringt. Ich spüre jedoch „nur" Zuneigung. Dann fange ich an, mich unter Druck zu setzen und will in mir Liebesgefühle erzeugen. Ich denke, ich muss doch in diesem Moment genau das Gleiche empfinden.

Die Gefühlslandschaft der Liebe ist groß und umfasst von der großen Liebe bis zur kleinen Verliebtheit zahlreiche Nuancen. Was einer Beziehung nicht zuträglich ist, sind normierte Vorstellungen davon, was und wie Liebe zu sein hat. Das liegt daran, dass Normen festlegen, was richtig und was falsch ist. Dann beginnt man, sich mit diesen idealisierten Normen zu vergleichen. Nicht selten leidet man, wenn man feststellt, dass man anders empfindet und fühlt, als die Norm es vorgibt.

Verliebtheit ist sicher *ein* guter Weg, sich aufeinander zuzubewegen, doch auch Sympathie und Interesse aneinander können den Weg in eine Beziehung ebnen. Ist man auf einem dieser Wege in einer Beziehung angekommen, geht es nicht darum, sich 24 Stunden am Tag zu lieben. Doch die Frage, ob man einander zugeneigt oder abgeneigt ist, wird immer wieder neu verhandelt und ausbalanciert. Eine anhaltende Abneigung lässt das Beziehungsleben zur Hölle werden.

In jeder Beziehung gibt es Situationen, in denen man abgeneigt ist, dem anderen entgegenzukommen. Das ist normal. Für den Bestand einer Beziehung ist es essenziell, aus diesem ablehnenden Pol wieder in eine Grundhaltung der Zuneigung zurückzuschwingen. Sie beinhaltet Zuwendung und die Bereitschaft, dem Partner erneut Raum für seine Belange und Sichtweisen zu geben. Zuneigung bedarf der Pflege und des achtsamen Umgangs, denn Grobheit, verletzende Worte und Taten bewirken verständlicherweise das Gegenteil.

8.3 Die Kunst, sich zuzumuten – Teil 2

Sich dem Partner mit einer Bitte zuzumuten kann sich sowohl auf scheinbar banale als auch essenzielle Wünsche beziehen. Es kommt häufig vor, dass sie Unmut erzeugen, weil sie die Aufforderung beinhalten, eine lieb gewonnene Komfortzone zu verlassen oder auf etwas zu verzichten. Sich ein Herz zu fassen und mit einer Portion Sanftmut die nicht immer einfache Auseinandersetzung zu führen gehört zum Beziehungs-ABC. Einige Beispiele:

Würdest du bitte heute auf dem Sofa schlafen. Dein Schnarchen stört mich und ich brauche meine Ruhe.

Wenn du vor dem Zu-Bett-Gehen geraucht hast, möchte ich, dass du noch duschst, bevor du dich zu mir legst.

Ich weiß, dass du meine Schlafbrille unsexy findest. Aber ich brauche sie, um einschlafen zu können.

Beim Essen möchte ich nicht über den Stress im Beruf reden.

Mir geht es im Moment nicht gut. Kannst du das Treffen mit deinen Freunden nicht absagen? Ich möchte, dass du hier bleibst, um mit mir zu reden und zu kuscheln.

In diesem Jahr möchte ich Weihnachten nur einen Tag bei deiner Familie verbringen. An den anderen Tagen will ich nur mit dir und den Kindern zusammen sein.

Michaela hat angerufen und will vorbeikommen. Ich weiß, dass du sie nicht besonders magst, aber es ist mir wichtig, dass du dableibst und dich zumindest für ein paar Minuten dazusetzt.

Die Kunst, sich zuzumuten, ist gefragt. Damit ist gemeint, eigene Wünsche einzubringen und dem Partner zuzutrauen, damit umgehen zu können. Oder es zu lernen!

Bereitschaft, sich für die Beziehung zu engagieren

Wer eine stabile Partnerschaft haben möchte, benötigt zuallererst den Willen, eine solche aufzubauen und daran mitzuwirken! Wer lediglich an der kurzfristigen Erfüllung seiner Bedürfnisse interessiert ist oder einen Partner als Ersatz für einen anderen wählt, braucht sich nicht zu wundern, wenn einiges schiefläuft. Denn dann verliert man den Blick für das Einzigartige und Besondere dieses Menschen. Das geht auf Dauer nicht gut. Die Beziehung wird schnell fade und leblos.

Wer einen Partner gleich nach der ersten Enttäuschung verlässt, geht wie beim Monopoly stets zurück auf Los und beginnt von vorn – in der Hoffnung, beim nächsten Mal wird alles anders. Eine Beziehung von Dauer anzustreben beinhaltet hingegen das permanente Moderieren von Irritationen. Hinzu kommt die Bereitschaft, anzuerkennen, dass der Partner ein Individuum mit einer ihm / ihr eigenen Persönlichkeit ist. Nicht perfekt, oft anders, als man ihn gern hätte, und unvollkommen. Dies zu verstehen ist ein wichtiges Geheimnis einer langlebigen Beziehung!

Kurs halten

Ich bleibe dran – auch wenn es manchmal schwerfällt!

Den Partner als unvollkommen (an-)erkennen – Michaela und Werner

Halten wir fest: Den Partner so zu akzeptieren, wie er (nicht) ist, ist ein anspruchsvolles Projekt. Es kostet unnötig Kraft, wenn man sich diesbezüglich verbiegt und anstrengt. Es schont die Ressourcen, dieses Unterfangen aufzugeben und den Schritt zu wagen, anzuerkennen, dass es – vielleicht sogar gravierende – Unterschiede zwischen der Idealvorstellung und der gelebten Erfahrung gibt. Denn im Beziehungsalltag stellt es sich oft als schwierig dar, den Partner mit all seinen Macken und Fehlern zu akzeptieren. Manche sagen, es ist sogar ein Ding der Unmöglichkeit.

Wäre es nicht schön, wenn man den Partner – wie einst Barbara Eden in der Fernsehserie „Bezaubernde Jeannie“ – mit einem Augenzwinkern in den Menschen verwandeln könnte, den man sich wünscht? Das wäre vermutlich wunderbar! Doch so einfach ist es im wirklichen Leben nicht, wie der kurze Dialog eines Paares zeigt:

Michaela: *Ich möchte so angenommen werden, wie ich bin!*
Werner: *Aber das kann ich nicht! Schließlich tun mir manche Sachen, die du sagst, weh. Wie soll ich dich so annehmen, wie du bist, wenn ich dich unerträglich und verletzend empfinde?!*

Dieser Spagat kann nicht gelingen! Ein Schritt, den hingegen jeder vollziehen kann, ist, diesen Fakt anzuerkennen. Er beinhaltet die Option, die Abweichung von der eigenen Vorstellung nicht gut finden oder gar akzeptieren zu müssen. Doch stellt man sich damit der Beziehungsrealität. Das kann dann der Boden für ein tiefer gehendes Gespräch sein. Wenn man anerkennt, dass es so nicht weitergeht, und die Bereitschaft mitbringt, sich dennoch auf einem anderen Level weiter zu unterhalten, kommt es durchaus zu Fortschritten und wichtigen Erkenntnissen.

Michaela: *Ich möchte so angenommen werden, wie ich bin!*
Werner: *Ich verstehe gar nicht, was damit gemeint ist.*
Michaela: *Ich möchte, dass du meinen Ärger zur Kenntnis nimmst und dich damit auseinandersetzt. Schließlich geht es um etwas Wichtiges! Ich möchte von dir ernst genommen werden.*
Werner: *Aber ich nehme dich doch ernst. Ich kann bloß nicht damit umgehen, wenn du mich beschimpfst und anpöbelst.*
Michaela: *Na ja, du gehst aber auf den Inhalt meiner Vorwürfe nicht ein und regst dich über die Art und Weise auf.*
Werner: *Natürlich! Man kann mit mir über alles reden – aber nicht in diesem Ton. Den müsstest du schon verändern, sonst kann ich dich nicht ernst nehmen und auf dich eingehen, weil du mich auf die Anklagebank setzt. Das ist keine schöne Position. Ich möchte auch verstanden werden!*
Michaela: *Gut, das sehe ich ein.*
Werner: *Immerhin!*
Michaela: *Der Unterton gefällt mir nicht! Geht es ohne?!*
Werner: *Ja, aber ich verspüre eben auch Ärger.*

Mit vier Augen sehen lernen

Blenden wir an dieser Stelle aus. Man sieht, wie schwer es ist, einander zu akzeptieren. Doch anzuerkennen, dass der Partner seine Gefühle und seine eigene Sicht der Dinge hat, ist möglich. Man lernt, mit vier Augen zu sehen. Ein kleiner Schritt für den Einzelnen, ein großer für das Paar und die Beziehung, denn es wird Neuland betreten:

Michaela: *Das Gespräch heute verlief anders als sonst. Wir haben zwar noch nicht alles geklärt, aber uns gegenseitig mehr Raum gegeben und zumindest besser zugehört.*

WERNER: *Ich hatte mehr erwartet, aber es ist ein Schritt in die richtige Richtung. Wahrscheinlich geht es gar nicht darum, den anderen total anzunehmen, das geht ja gar nicht. Aber wahrnehmen im doppelten Wortsinn ist ja schon was. Ich konnte heute etwas mehr ich selbst sein, ohne mich verteidigen zu müssen.*

Fazit: Erkennen Sie an, dass Ihr Partner ist, wie er ist. Dies zu akzeptieren, kann ein zweiter Schritt sein. Erkennen Sie an, dass er unvollkommen ist. Sie werden Ihren Partner über kurz oder lang gar nicht so lieben können, wie er ist, weil er Sie unwillkürlich mit seinen und Ihren Schattenseiten konfrontiert. Ob es sich dabei um eine Spiegelung von Anteilen Ihrer selbst handelt oder Sie zu Reaktionen verführt werden, die Sie nie zeigen wollten, variiert von Zeit zu Zeit. Spätestens, wenn Sie in Ihrem Zorn außer sich sind, mögen Sie sich selbst nicht mehr und Ihren Partner ebenfalls nicht. Das ist unangenehm, aber leider die Regel. Doch bewahren Sie heitere Gelassenheit, denn dieses Phänomen erleben alle Paare.

Kurs halten

Ich nehme das Unvollkommene unserer Beziehung an!

8.4 Den anderen als Spiegel betrachten

Paartherapeuten ist die Wirkungsmacht von Projektionen gut vertraut. Man sieht etwas in den Partner hinein und arbeitet sich dann daran ab. Dieser ist darüber zwangsläufig irritiert und verärgert und hat den Eindruck, nicht gesehen zu werden. In diesen Fällen lohnt es sich, einen Perspektivwechsel vorzunehmen. Ich möchte Sie mit dem Gedanken vertraut machen, dass Sie in einer Beziehung möglicherweise sich selbst oder früheren Bezugspersonen begegnen. Besonders dann, wenn Sie Ihr Gegenüber unmöglich finden, kann es sein, dass Sie Ihren Schattenseiten begegnen. Alle negativ konnotierten Eigenschaften bekämpfen Sie dann bei Ihrem Partner. Eine kleine Auswahl aus der Praxis. Paare beschweren sich über:

Geiz, Bürgerlichkeit, Chaos, Lieblosigkeit, Kälte, Gefühllosigkeit, Niedertracht, Grobheit, Panik, Hysterie, Distanziertheit, Gier, Ratlosigkeit, Ohnmacht, Trauer, Klammertendenzen, Größenwahn, Neid, Zwanghaftigkeit, schlechte Laune, Depressionen, Lustlosigkeit, Gnadenlosigkeit, Verbitterung, Entwertung und Faulheit.

Die Liste ließe sich beliebig verlängern. Nun werden Sie vermutlich einwenden: Aber er / sie ist doch so. Ich bin doch ganz anders! Vielleicht ist es so, aber bedenken Sie: Wir alle könnten jede dieser Eigenschaften ebenfalls an den Tag legen – doch vielleicht nicht zur selben Zeit. Die Panik Ihrer Frau, die Ihnen das Leben schwermacht, könnte in einer anderen Situation in Ihnen lebendig werden. Der Geiz Ihres Mannes korrespondiert möglicherweise mit einem Geiz in Ihnen, der sich in anderen Bereichen zeigt. Die Grobheit oder Naivität, die sie so hassen, könnte potenziell in Ihnen und Ihrer Lebensgeschichte aufzufinden sein. Sie sehen im Partner etwas, dem Sie schon früher begegnet sind, oder tragen es als Option für die Zukunft in sich.

Der Gedanke der Spiegelung im Partner beinhaltet die Erwartung, dass man dort sich selber sieht. Und zwar bevorzugt die vorteilhaften Seiten! Man möchte sich von seiner besten Seite sehen, das ist normal! Man sucht das Vertraute und Liebgewonnene. Doch in jeder längeren Beziehung tritt das Fremde und Anderssein deutlicher zutage. Dann erschreckt man sich. Wir suchen Selbstbestätigung und finden sie nicht. Das schafft Distanz, die ängstigen kann. Dann ist es hilfreich, loszulassen und bei sich selber anzufangen. Der Versuch, Ihre schief sitzende Krawatte oder die missratene Frisur *im* Spiegel zu richten, funktioniert nicht. Ein Spiegelbild kann man nicht *im* Spiegel beeinflussen. Das muss schon die Person tun, die vor dem Spiegel steht – man / frau muss es selber richten.

Doch auch positive Eigenschaften können Ihnen im Spiegel der Beziehung begegnen. Möglicherweise sind es Optionen für die Zukunft, die Sie in sich entdecken und weiterentwickeln können.

Ehrlichkeit, Treue, Natürlichkeit, Erdverbundenheit, Sinnlichkeit, Erotik, Triebhaftigkeit, Sensibilität, Hoffnung, Liebe, Schönheit, Reichtum, Kreativität, Lust, Zuversicht, Glück, Lebensfreude, Intelligenz, Wagemut, Forschergeist, Neugier, Verrücktheit, Reiselust, Familiensinn, Kinderliebe, Freiheitsdrang und Humor.

Die Sichtweise, im Spiegel des Partners sich selbst zu begegnen, sollten Sie zumindest in Betracht ziehen. Das hilft Ihnen dabei, die horizontale Ebene zu verlassen und auf der vertikalen Ebene der Selbsterforschung an sich zu arbeiten. Zugegeben, das ist die Königsdisziplin, doch ist die Energie dort besser aufgehoben. Ihr Partner wird es Ihnen danken, wenn Sie die Pfeile der Projektion im Köcher lassen!

Kurs halten

Ich nehme mir Zeit für den Blick in den Spiegel!

Die Balance von Geben und Nehmen – Hilka und Jacob

Unmerklich führt jeder, der in einer Beziehung lebt, eine Art Beziehungskonto, in dem die Ein- und Auszahlungen verbucht werden. Das ist nicht verwerflich, sondern vermutlich Ausdruck einer fürsorglichen Instanz in uns. Sie achtet darauf, dass wir nicht zu kurz kommen. Der innere Buchhalter ist bemüht, die Balance von Geben und Nehmen ausgeglichen zu halten. Bekommt man zu wenig, besteht die Gefahr, emotional zu verhungern. Gibt man zu viel, droht man auszubrennen und sich zu erschöpfen. Im gelebten Beziehungsalltag gestaltet sich der Ausgleich der Bedürfnisse nicht immer leicht. Ich möchte Hilka und Jacob zu Wort kommen lassen. Sie kennen sich seit neun Jahren und haben zwei Kinder. Beide sind berufstätig und kommen durch die Doppelbelastung von Beruf und Familie an ihre Grenzen.

Jacob: *Ich war vom Job so gestresst, dass ich nur in den Schoß der Familie zurückkehren wollte. Aber Hilka stand ebenfalls unter Druck, das klappte nicht. Ich hatte die Fantasie, einen liebevollen Kuss zu empfangen, aber ihr war nicht danach.*

Hilka: *Er äußert seine Wünsche schon ziemlich direkt. Er möchte liebkost werden. Doch im Moment trifft das bei mir auf Abwehr. Ich denke dann „Und wer krault mir den Rücken?“*

Therapeut: *Und sprechen Sie es aus?*

Hilka: *Nein. Ich weiß, es klingt unerwachsen, aber ich wünsche mir, dass er das von sich aus anbietet.*

Therapeut: *Unerwachsen – inwiefern?*

Hilka: *Ich sollte das ja selbst ansprechen und zu meinen Bedürfnissen stehen. Aber das fällt mir schwer.*

Therapeut: *Haben Sie eine Idee, was es so schwer macht?*

Hilka: *Da hat sich Frust angesammelt. Ich mache viel für die Familie und die Kinder und komme schon lange zu kurz. Ich habe eine lange Liste von mir erbrachter Leistungen, die kann gar nicht ausgeglichen werden.*

Beziehungskonto im Minus

Therapeut: *Sie sind auf Ihrem Beziehungskonto im Minus-Bereich. Sie haben viel gegeben und kaum etwas zurückbekommen?*

Hilka: *Ja, ich weiß, dass auch Jacob eine Menge für die Familie tut, aber so fühlt sich das an. Mir ist klar, dass ich das mitverschuldet habe, weil ich den Mund nicht aufmache.*

Therapeut: *Sind Sie aus irgendeinem Grund gehemmt?*

Hilka: *Wohl schon. Wenn Sie das so offen aussprechen, ist mir das unangenehm. Es ist mir peinlich, dass ich das nicht so gut kann.*

THERAPEUT: *Könnten Sie das etwas näher erläutern?*

HILKA: *Ich kann nichts annehmen, ohne zu denken, ich müsste gleich eine Gegenleistung anbieten.*

THERAPEUT: *Die Devise lautet dann etwa so: „Ich muss was geben, wenn ich etwas bekomme"?*

HILKA: *Ja, genau so erlebe ich das. Es ist paradox, denn andererseits denke ich, dass mir das zusteht, weil ich ja schon viel gegeben habe.*

JACOB: *Ja, das stimmt, du gibst wirklich viel. Nur geht es mir eben genauso.*

THERAPEUT: *Wie stellt es sich denn aus Ihrer Sicht dar?*

JACOB: *Ich bin bereit, Hilka etwas zu geben, gerne sogar. Es ist manchmal schwer auszuhalten, dass sie kaum etwas annehmen kann.*

THERAPEUT: *Was genau passiert dann bei Ihnen?*

JACOB: *Es ist zum Mäusemelken, ich bin frustriert und sauer. Wie kann man am gedeckten Tisch sitzen und sich gleichzeitig beklagen, dass es nichts gibt?*

THERAPEUT: *Mir kommt es so vor, als wäre das eine eingefahrene Rollenverteilung zwischen Ihnen: Da sind Sie, Jacob, der seine Bedürfnisse formuliert und gleichzeitig bereit ist, etwas zu geben. Der dann die Erfahrung macht, dass sein Angebot nicht angenommen wird und er nichts bekommt. Da sind Sie, Hilka, die sich scheut, etwas einzufordern und zugleich abweisend reagiert, wenn ihr etwas angeboten wird. Am Ende sind beide frustriert und zu kurz gekommen.*

HILKA: *Genauso ist es! Wenn Sie es so auf den Punkt bringen, wird mir klar, wie vollkommen unsinnig das ist.*

JACOB: *Und es bringt uns nicht weiter. Wir sind gefangen in diesem merkwürdigen Arrangement.*

Blenden wir an dieser Stelle aus. Es wird deutlich, wie dieses eingefahrene Muster verhindert, dass die Balance von Geben und Nehmen zufriedenstellend ausgeglichen wird. Wie sieht es bei Ihnen aus?

Nachdenken über die Liebe

Im Laufe der Jahre ist mir aufgefallen, wie unterschiedlich die Vorstellungen von der Liebe sind. Die Weltliteratur beschreibt sie in allen Dimensionen, von der tragischen bis zur erfüllten Liebe ist vermutlich alles gesagt. In der Musik wird sie vertont, als wäre sie ein Füllhorn unerschöpflicher Möglichkeiten. Ein anonymer Zeitgenosse brachte das Dilemma der Liebe auf den Punkt: „Liebe ist das, was der größte Philosoph nicht zu erklären, wohl aber der größte Dummkopf zu empfinden vermag."

Von daher möchte ich Sie gar nicht erst mit den unzähligen Aussagen über das Wesen der Liebe quälen, sondern dieses unergründbare Phänomen in den Kontext der

Bindung von Menschen stellen. Die Liebe bezeichnet im engeren Sinne eine intensive Zuneigung, die ein Mensch für einen anderen Menschen empfindet. Man möchte dem geliebten Wesen nah sein und neigt am Anfang dazu, ihn oder sie zu überhöhen. Die positiven Seiten werden verstärkt wahrgenommen. Man sieht nur das Lächeln, nicht die Zahnlücken!

Was man ahnen kann, ist der Sinn der Liebe. Sie trägt dazu bei, sich einander anzuvertrauen und hinzugeben. Sie fördert einen symbiotisch erlebten Zustand. Ob dieser auf der körperlichen und emotionalen Ebene oder auf der geistigen und spirituellen Ebene erfahren wird, ist bei jedem Paar anders. Auf jeden Fall ist man am anderen interessiert und freudig erregt, wenn man ihn sieht. Die Liebe entspringt dem menschlichen Grundbedürfnis nach Verbundenheit und fördert die Aufnahme von Beziehungen.

Liebe ist eine Haltung

Liebe bedeutet aus meiner Sicht eine *Haltung* sich selbst und dem Partner gegenüber! Sie besteht darin, das Anderssein des Partners und die Abweichung von der Idealvorstellung *anzuerkennen,* nicht unbedingt zu akzeptieren oder gar gut zu finden! Dieser Ansatz schützt vor Enttäuschungen, denn Idealvorstellungen haben den Nachteil, dass sie sich im Spannungsfeld zur Realität befinden. Idealisten leiden immer, heißt es treffend. Je größer das Ideal, desto höher die Fallhöhe und umso erschütternder die Landung auf dem Boden der Realität.

Liebe gehört zur Gefühlsfamilie der Freude, auch wenn die gelebte Liebeserfahrung bezeugt, dass eine leidvolle Verwandtschaft zum Schmerz besteht. Fast so, als wären sie Geschwister – und die kann man sich bekanntlich nicht aussuchen. Für Paare, die sich im Krisen-Modus befinden, lohnt ein kleiner Blick in die Gedankenwelt großer Philosophen und spiritueller Lehrer.

Immanuel Kant beschrieb die Liebe als eine Grundhaltung, die eng mit den Begriffen von *Achtung und Würde* verbunden ist. Ein Gedanke, der sicherlich manch streitendem Paar im Rosenkrieg guttun würde.

Rene Descartes sah in der Liebe einen niederen, rein körperlich hervorgerufenen Zustand, der dem klaren Denken nur im Wege steht. Dies könnte man aus heutiger Sicht für die erste romantische Phase frisch verliebter Paare gelten lassen.

Der Dalai-Lama begreift die Liebe zwischen Mann und Frau als eine Unterkategorie der Freundschaft – ein Aspekt, der im Krieg der Geschlechter und bei gegenseitigen Anfeindungen oft vergessen wird!

Der Bindungsforscher Robert Karen betont den sicheren Hafen der Liebe:

In der Liebe musst du nicht intelligent oder reich oder talentiert sein – du musst nur da sein!

Lassen Sie sich von den großen Denkern inspirieren. Geben Sie dem Philosophen in sich selbst etwas Raum und lassen Sie ihn zu Wort kommen. Vielleicht erinnern Sie sich an die kleinen Cartoons in den Zeitschriften, die stets mit den Worten beginnen: Liebe ist … – Wie lautet Ihre Definition von Liebe? Ergänzen Sie die folgenden Satzanfänge:

REFLEXION

1. Liebe ist ...

____

____

2. Das Gegenteil von Liebe ist für mich ...

____

____

3. Die ideale Liebe besteht für mich darin, ...

____

____

Selbstliebe – jeder hat einen Beziehungswert

Beim Nachdenken über die Liebe sollte man die Selbstliebe nicht vergessen. Sie hat mit dem Wert zu tun, den man sich selbst beimisst. Insbesondere in Beziehungskrisen wird das Selbstwertsystem aktiviert. Es setzt einen Prozess in Gang, denn unser Selbstwert ist nicht statisch. Er muss immer wieder neu austariert werden. Man hat sogar mehrere Selbstwerte. Im Beruf, Sport und Hobby kennt man seinen Wert und tritt entsprechend selbstbewusst auf. In einer Beziehung oder nach einer Trennung kann es anders aussehen.

Anhaltende Konflikte, Untreue, Vorwürfe, fehlende Loyalität, verbale Entgleisungen und Übergriffe können den Selbstwert ins Wanken bringen. Man ist verunsichert, fühlt sich missachtet und gering geschätzt. Das Gespür für den eigenen Wert geht verloren. Dann ist es besonders wichtig, eine Portion Eigenliebe zu entwickeln, indem man sich den eigenen Beziehungswert vor Augen führt, ihn pflegt und schützt.

Dazu gehört der wohlwollende Blick auf sich selbst und genau hinzuschauen, was man Gutes in eine Beziehung einbringt; zu reflektieren, wie man eine Beziehung bereichert oder bereichert hat; die guten Absichten und Impulse zu würdigen, die man einbringen kann; genau hinzusehen, für wen man eine Bedeutung hat und wer einen wirklich braucht und wertschätzt. All das fördert den Selbstwert im Hinblick auf das Beziehungsleben.

REFLEXION

1. Was bringe ich Kostbares in eine Beziehung ein?

____

____

2. In welchen Situationen fühle ich mich besonders wertvoll und geschätzt?

____

____

3. Wer weiß meine Werte, mein Wohlwollen und meine Hilfsbereitschaft zu würdigen?

____

____

9. Worauf ein Paar achten sollte

9.1 Verharren Sie nicht zu lange in der Angriffs- oder Verteidigungsposition

Variante 1: Man befindet sich im Modus der Abteilung Dauer-Attacke, verharrt permanent und penetrant im Angriffsmodus, bis man nur noch Feindseligkeit spürt und verbrannte Erde hinterlässt, ohne zu merken, dass man immer größere Verluste erleidet: an Vertrauen, Sicherheit, Zuneigung, Geborgenheit und Wertschätzung. Angriff ist die beste Verteidigung, lautet nicht selten die Devise aus der Not heraus.

Variante 2: Man verbarrikadiert sich hinter den eigenen Schutzmauern, zieht sich innerlich zurück, bis man fast nicht mehr atmen kann und der seelische Erstickungstod eintritt. Demonstratives Schweigen, auflaufen lassen und ignorieren sind mächtige Strategien – sie werden passiv-aggressiv genannt.

Ein Paar im „Kriegszustand" hat keine Chance, sich weiterzuentwickeln. Vielmehr wird im schlimmsten Fall alle Kraft in einer negativen Abwärtsspirale vergeudet. Der Partner wird mit verletzenden Du-Botschaften bombardiert und dessen Charakter verleumdet. Statt Wertschätzung macht sich Geringschätzung breit.

Das oberste Ziel jeglicher Paartherapie besteht in solchen Fällen darin, diese destruktive Dynamik zu stoppen. Erst wenn es gelingt, zur Ruhe zu kommen, wird es möglich, genauer zu verstehen, was den Kriegshandlungen zugrunde liegt. Die heftigen Auseinandersetzungen stellen ein Symptom dar. Was sich dahinter verbirgt, wissen manchmal die Kombattanten selbst nicht mehr. Darum ist De-Eskalation das Gebot der Stunde. Die Einsicht, dass anhaltende Streitigkeiten, Entwertungen und Angriffe die Beziehung schwächen, ist wichtig. Diese tragen dazu bei, dass die Erfüllung der darunter verborgenen Wünsche und Sehnsüchte in weite Ferne rückt. Wird der „Kriegsschauplatz" wieder zum entspannten „Schauplatz", von dem aus man in Ruhe die relevanten Themen betrachten, durchdenken und reflektieren kann, gewinnen beide!

REFLEXION

1. Wie lange verharre ich in der Angriffs- oder Verteidigungsposition?

2. Wie lange mein Partner?

3. Haben wir Wege gefunden, diese Dynamiken zu stoppen, rechtzeitig auszusteigen oder sie zu verhindern? Welche sind das?

4. Wie gut oder schlecht funktionieren sie?

5. Was können wir besser machen?

9.2 Bleiben Sie nicht zu lange im inneren Rückzug

Wir haben schon etwas länger nicht mehr miteinander gesprochen, sagt eine Frau zu Beginn der Paartherapie. Ich erkundige mich vorsichtig: Darf ich fragen, wie lange nicht? – Es ist mir unangenehm, aber eigentlich schweigen wir uns jetzt schon ein halbes Jahr lang an. Ich wende mich an den Mann: Darf ich fragen, wie das für Sie ist? – Ich habe mich dran gewöhnt, aber eigentlich ist es unerträglich.

Das ist, zugegeben, ein extremes Beispiel. Doch das Motiv des resignierten Rückzugs ins emotionale Schneckenhaus begegnet mir in vielfältiger Weise. Man wird wortkarg, vermeidet den Blickkontakt und beschränkt die Alltagskommunikation auf das Notwendige.

GERLIND: *Ich will meinen Mann nicht mehr an mich heranlassen. Er versteht mich so und so nicht!*
MARCO: *Warum mir die Finger an der heißen Herdplatte verbrennen? Ich lasse lieber die Finger von den schwierigen Themen.*

Und so köcheln beide lange vor sich hin und schmoren in ihrem eigenen Saft. Man sollte dieses Paar nicht verurteilen, schließlich haben beide Gründe für ihren Rückzug.

GERLIND: *Ich habe es oft versucht, mich ihm verständlich zu machen. Doch ich bin immer vor eine unsichtbare Mauer gerannt. Irgendwann hat es mich nicht nur verletzt, sondern ermüdet. Ich will mir diese Erfahrung jetzt ersparen.*

Diese Entscheidung macht auf den ersten Blick durchaus Sinn. Allerdings besteht die Gefahr, im Gefängnis der selbst gewählten inneren Emigration zu vereinsamen. Für ihren Mann stellt sich die Situation anders dar:

MARCO: *Ich kann mit ihrer Wut, die da manchmal hochkocht, nicht umgehen. Soll ich zurückschlagen und mich wehren oder sie stumm über mich ergehen lassen? Ich habe sogar Angst vor ihr. Deswegen habe ich es aufgegeben und mich innerlich weit zurückgezogen.*

An diesem Paar wird deutlich, dass keiner bereit ist, Risiken einzugehen. Das Bedürfnis nach Schutz und Sicherheit – Sie erinnern sich, ein Grundbedürfnis – hat überhandgenommen. Jetzt ist nicht mehr der Partner der sichere Hafen, sondern der innere Rückzugsraum. Das mag eine Weile sinnvoll und angemessen sein, doch auf Dauer führt diese Emigration zu Einsamkeit, Groll und dem Verlust von Lebensfreude.

Es bedarf vertrauensbildender Maßnahmen, um aus der Resignation in eine Pro-Signation zu kommen. Damit ist gemeint, sich wieder für die Beziehung zu interessieren und zu engagieren.

REFLEXION

1. Neige ich dazu, mich innerlich zurückzuziehen? Wie mache ich das?

____

____

2. Wie macht es mein Partner?

____

____

3. Wie geht es mir in meinem Schneckenhaus?

____

____

4. Wie finde ich wieder heraus?

____

____

9.3 Bewerten Sie Nähe-Bedürfnisse nicht höher als Distanz-Bedürfnisse

Wenn man in einer Beziehung lebt, sollte man alles miteinander teilen. – Man hat doch eine Partnerschaft, weil man dem anderen nah sein möchte. – Wenn man sich liebt, sollte man alles voneinander wissen.

So oder ähnlich lauten weitverbreitete Vorstellungen. Wir leben in einer Zeit, in der Authentizität und Offenheit einen hohen Stellenwert haben, ja, zur Norm geworden sind. Ein Geheimnis zu bewahren, etwas zurückzuhalten, Grenzen zu setzen oder sich für das Kennenlernen Zeit zu lassen scheinen out zu sein. Begünstigt durch die Anonymität des Internets vertrauen sich insbesondere jüngere Menschen schnell die persönlichsten Dinge an, oft bevor ein direktes Treffen stattgefunden hat. Die Risiken und Nebenwirkungen sind bekannt: Hohe Erwartungen zerschellen schmerzhaft auf dem Boden der Realität, wenn das Aussehen doch nicht gefällt, unerfüllbare Ansprüche gestellt werden, gleichzeitig mehrere Partner getestet werden oder sich nach einer Weile gähnende Langeweile einstellt, weil alles gesagt ist.

An diesen Erfahrungen lässt sich ablesen, dass Nähe ein kostbares Gut ist. Dieses kann schnell verloren gehen, wenn es beliebig und in kurzer Zeit verteilt wird. Aus dieser Perspektive entschlüsselt sich der Wert einer guten Distanz. Sie trägt dazu bei, eine positive Spannung aufrechtzuerhalten, und fördert das Bemühen des anderen, Interesse zu bekunden. Sie ist Ausdruck der Eigenständigkeit und dokumentiert den Wert, den man sich selbst beimisst, weil das Innere nicht wahllos geöffnet wird. Distanz schützt die Intimität und ermöglicht sie. Man sollte dem Wunsch nach Distanz genauso Wert beimessen wie dem Bedürfnis nach Nähe.

9.4 Vernachlässigen Sie das Wir nicht

Paare sind es gewohnt, etwas voneinander zu erwarten. Entweder erfolgt dies explizit oder stillschweigend. Stets ist die andere Person der Ansprechpartner, denn er soll diese Erwartungen erfüllen. Ist eine Beziehung intakt und der Partner dazu in der Lage, wird er diese gern erfüllen. Stimmt etwas in der Beziehung nicht, wird es schwieriger. Doch wodurch entsteht eine gute Beziehung? Entsteht sie einfach so?

Ich finde den Gedanken des Therapeuten Michel Mary hilfreich, sich eine Beziehung als etwa Drittes vorzustellen (vgl. Abbildung 9.1).

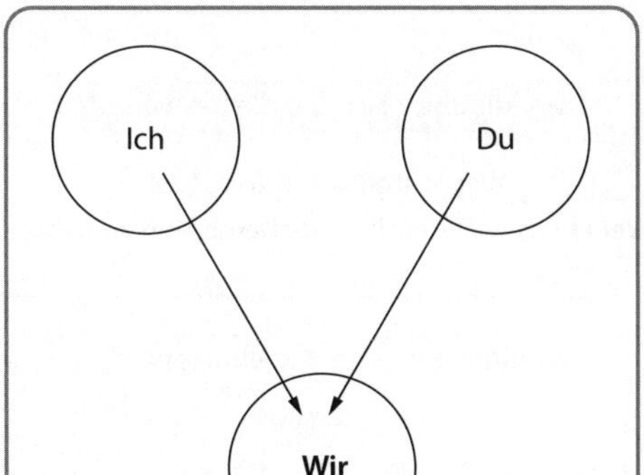

Abbildung 9.1: Ich + Du = Wir

Dieses Dritte lässt sich wie ein Raum verstehen, der von beiden Partnern mit Leben gefüllt wird. Dadurch ändert sich der Blickwinkel. Die Frage lautet dann nicht mehr „Was will ich von meinem Partner?“, sondern „Was will ich von unserer Beziehung?“ Diese Frage ist wichtig und Gegenstand vieler Paargespräche.

Dieses Dritte, die Beziehung ist gemeint, wenn es um das Wir geht. Der gemeinsame Raum kann aus Aktivitäten, Projekten, Interessen, Ansichten und Hobbys bestehen. Doch er muss von beiden gefüllt werden. Es ist wichtig, sich nicht durch Forderungen aneinander *ab*zuarbeiten, sondern sich *für* das Beziehungsleben zu engagieren.

Wenn einer zu viel allein macht, verhungert das Wir! Will jeder nur etwas haben, leert sich der Beziehungsraum, das Wir. Wer etwas aus einer Beziehung entnehmen möchte, muss dazu beitragen, dass etwas drin ist. Nur zu nehmen, ohne zu geben, höhlt eine Beziehung und das Wir-Gefühl aus! Vielen Paaren gefällt es, sich ihren Beziehungsraum wie einen Garten vorzustellen, für den sie als Gärtner zuständig sind. Andere bevorzugen die Idee eines Projektes, an dem beide mitarbeiten und Aufgaben zu erfüllen haben (vgl. Abbildung 9.2).

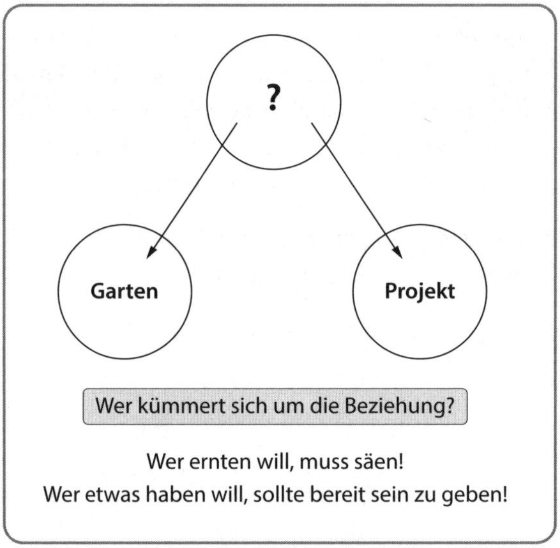

Abbildung 9.2: Die Beziehung pflegen

Ich tu, was ich tu; und du tust, was du tust. Ich bin nicht auf dieser Welt, um nach deinen Erwartungen zu leben, und du bist nicht auf dieser Welt, um nach den meinen zu leben. Du bist du und ich bin ich. Und wenn wir uns zufällig finden, – wunderbar. Wenn nicht, kann man nichts machen.

So lautet das berühmte „Gestaltgebet“ des Begründers der Gestalt-Therapie und 1970 verstorbenen Fritz Perls. Viele Menschen spricht es an. Ich vermute, weil es entlastend ist, nicht für alle Bedürfnisse des Partners – und deren Erfüllung – verantwortlich zu sein. Das ist verständlich. Andererseits sollte man darauf achten, dass es trotzdem genug Schnittmengen gibt. Denn sonst bleibt der Raum des Wir leer. Eine Beziehung ist kein Perpetuum mobile, dem nie die Energie ausgeht. Sie benötigt das Engagement beider Partner!

9.5 Lassen Sie sich beeinflussen

Ein Geistlicher kommt zum Rabbi und fragt: „Wie erreiche ich das ewige Leben?“ Der Rabbi antwortet kurz und knapp: „Heiraten!“ Der Geistliche ist verwirrt: „Heiraten? Dadurch soll ich zum ewigen Leben kommen?“ Der Rabbi schüttelt den Kopf: „Nein – aber der Wunsch danach wird verschwinden!“

Dieser kleine Scherz unterstellt, dass eine Beziehung zur Hölle werden kann und dadurch Lebensfreude verloren geht. Ich beobachte dies bei Paaren, die sich auf unheilvolle Weise in Machtkämpfen verstricken, bei denen es letztlich mehrere Verlierer gibt. Die Beziehungsqualität leidet, die Unzufriedenheit mit sich und dem Partner steigt, die Kinder werden verunsichert, sind voller Angst und verschreckt. Nichts macht mehr Freude. Eine „Lose-lose“-Situation. Vor diesem Hintergrund möchte ich Ihnen einige Überlegungen vorstellen.

Es ist in Beziehungen unvermeidbar, Macht aufeinander auszuüben. Damit ist im positiven Sinne gemeint, einander zu beeinflussen. Die relevante Frage ist, wie dies geschieht. Zeigt man einander offen und transparent, in welcher Angelegenheit man sich durchsetzen möchte? Oder geschieht dies hintenrum und manipulativ?

Es ist legitim, Interessen zu haben, diese zu vertreten und dafür zu werben. Dies sollten Mann und Frau sich allerdings gegenseitig zugestehen. Vollkommen ungeeignet sind Strategien, bei denen man sich über den anderen erhebt, indem man in kleinmacht, erniedrigt und abwertet. Es ist wichtig, sich auf Augenhöhe zu begegnen. Denn sonst besteht die große Gefahr, sich in Machtkämpfen zu verlieren, deren Sinn weniger in der sachlichen Debatte, sondern vorwiegend in der Wiederherstellung einer gleichwertigen Beziehungsebene besteht. Befindet sich einer im Hoch- oder Niedrigstatus, tut das keiner Beziehung gut.

Autoritäres Auftreten „von oben herab“ begünstigt auf der anderen Seite machtvolle Gegenstrategien „von unten“, die in passive Aggressivität, wie sich verweigern, schweigen und Rückzug, bestehen können. Nicht selten werden Rachegefühle geschürt und der scheinbar Mächtige wird mit der Macht des Ohnmächtigen konfrontiert. Letztlich verlieren beide – Lebenskraft, Lebensfreude, Achtung und den Respekt voreinander.

Dabei ist Folgendes zu bedenken: In gewisser Weise sind wir – nicht nur in einer Beziehung – weniger mächtig, als wir vermuten. Dennoch fühlen wir uns wohler, wenn wir den Eindruck haben, wirksam auf unsere Umgebung und den Partner Einfluss nehmen zu können. Allerdings wird dies nicht immer gelingen und nicht immer auf die Art und Weise, wie wir es versuchen. Ich schlage daher vor, den Gedanken der „Partiellen Macht und Ohnmacht" näher zu betrachten. Er besagt, dass alle Menschen die Erfahrung kennen, nichts bewirken zu können. Meist bezieht sich das auf konkrete Situationen und Erlebnisse. Er bringt aber auch zum Ausdruck, dass Menschen sehr selten vollkommen (total) ohnmächtig sind, obwohl sie es anders empfinden Es gibt Lebensbereiche, in denen wir zumindest partiell, teilweise, Einfluss nehmen können. Dann ist es entlastend, genau hinzuschauen, in welchen Bereichen man trotz der großen Not einen geringen oder größeren Einfluss nehmen kann. Dies gilt auch für unser Beziehungsleben.

Sich vom Partner angemessen beeinflussen zu lassen ist für eine Beziehung wertvoll und sichert die Nachhaltigkeit. Es zeigt dem Partner: „Du bedeutest mir etwas und du bist mir wichtig. Ich nehme dich ernst und berücksichtige dein Wohlergehen." Sie halten diesen Gesichtspunkt möglicherweise für banal. Doch in vielen Therapien habe ich gesehen, wie ungesund es für eine Beziehung ist, wenn versucht wird, nur die eigenen Bedürfnisse und Vorstellungen durchzusetzen.

Die Paarforschung belegt, dass Paare, die bereit sind, sich vom Partner beeinflussen zu lassen und den anderen in ihre Überlegungen einzubeziehen, deutlich zufriedener sind – im Unterschied zu denen, die um jeden Preis ihre Belange durchsetzen wollen. Jeder sollte mindestens so viel für sich gewinnen und so viel Einfluss haben, dass er einen gewissen Verlust verkraften kann.

Quintessenz: Sind Geben und Nehmen, sich beeinflussen lassen und beeinflussen können im Wesentlichen ausbalanciert, wirkt sich das positiv auf die Zufriedenheit und Liebesgefühle aus.

Kurs halten

Ich nehme die Vorstellungen meines Partners auf und prüfe sie wohlwollend!

9.6 Akzeptieren Sie die emotionalen Wellenbewegungen

Haben Sie noch etwas mit Ihrem Mann gemeinsam? – Ja, wir haben am selben Tag geheiratet!

Wer die Frage so beantwortet, ist möglicherweise am Ende angekommen und muss entscheiden, ob es das Ende sein soll! Zumindest entspräche das der Hollywood-Logik: „Wenn du sie / ihn liebst, dann bleib, wenn nicht, dann geh!" Ist man an einer längeren Bindung interessiert, muss das Drehbuch für den persönlichen Beziehungsfilm an diesem Punkt selbst geschrieben werden.

Beziehungen durchlaufen unterschiedliche Phasen, die an das Paar spezifische Anforderungen stellen. So sind intime Partnerschaften gekennzeichnet durch Zeiten der Expansion – erkennbar an der Lust, gemeinsam etwas zu unternehmen und Geselligkeit zu pflegen – sowie Zeiten der Kontraktion, die durch Streit, gegenseitige Vorwürfe und den Wunsch, verstärkt allein zu sein oder etwas mit anderen zu unternehmen, beschrieben werden können.

Jede Beziehung schwingt zwischen dem Pol der Ausdehnung auf der einen Seite und dem der Einschränkungen auf der anderen. Eine Beziehung beinhaltet Wellenbewegungen, die mal größer oder kleiner ausfallen. Dann tauchen Themen auf, mit denen man nicht gerechnet hat. Sie werden sichtbar und – wenn man sie annimmt – behandelbar. Das Auf und Ab des Beziehungslebens beinhaltet Momente der Erfüllung und solche der Frustration. Im Grunde ermöglicht erst das Durchschreiten der Krisentäler die erforderliche Ehrlichkeit, um einander aufrichtig begegnen zu können.

Selbst die harmonischste Beziehung durchläuft krisenhafte Phasen, die eine Auseinandersetzung mit sich selbst und dem Partner erforderlich machen. Die Bereitschaft, sich dieser unbequemen Arbeit zu stellen, ist eine wesentliche Grundvoraussetzung für den Aufbau einer tragfähigen und anhaltenden Beziehung. Wer die Ernüchterung nach dem Abklingen der rosarot gefärbten Honeymoon-Phase für das Ende hält und aufgibt, wird niemals die Früchte des Beziehungslebens ernten.

Das alles sollte man wissen, und auch: Ambivalenzen, widerstreitende Gefühle dem Partner gegenüber gehören in jeder längeren Beziehung dazu. Dass man diese Tatsache mit Humor nehmen kann, bewies ein Paar, welches mir unisono erklärte: „Wir sind seit Wochen miteinander ‚befeindet', aber wir haben uns dran gewöhnt. ‚Krieg' gehört eben dazu!"

Kurs halten

Ich akzeptiere die emotionalen Wellenbewegungen in meiner Beziehung!

9.7 Kontrolle ist gut – aber leider unmöglich!

Nicht alle Paarprobleme lassen sich vollständig lösen. Damit ist die Vorstellung gemeint, dass eine Problematik nie wieder auftaucht. Beispielsweise so, wie es in dem schwarz angehauchten und männerfeindlichen Spruch definiert wird: Was ist ein gelöstes Problem? – Ein Mann in Salzsäure!

Es gibt eine gute und eine schlechte Nachricht. Fangen wir mit der schlechten an: Es ist trotz aller Arbeit an sich selbst und der Beziehung nicht möglich, Ihre Beziehung vollständig zu kontrollieren. Es wird immer wieder Situationen und Erfahrungen geben, die Sie nicht steuern können. Selbst wenn Sie versuchen, alles richtig zu machen, werden Sie früher oder später scheitern. Möglicherweise sogar, weil Sie versuchen, alles perfekt zu machen.

Dies liegt am Faktor X. So nenne ich das irrationale Element, welches dafür sorgt, dass die Dynamik einer Beziehung nie vollständig erfassbar und vorhersehbar ist. Aus der Begegnung zweier Menschen entsteht etwas Drittes, ein Beziehungsraum mit eigenen Gesetzmäßigkeiten. 1 + 1 = 3 lautet die mathematisch paradoxe Kurzfassung. Berücksichtigt man die Tatsache, dass jeder in eine Beziehung sowohl seine lichten Seiten als auch seine dunklen, unbewussten Schattenseiten einbringt, könnte die Gleichung genauso so gut lauten: 1 + 1 = 4.

Ob Sie diesen Faktor X dem Unbewussten zuordnen, einer Laune des Schicksals oder einer höheren Macht, die Ihnen eine Lernaufgabe stellt, spielt keine Rolle. Erkennen Sie an, dass Sie in einer Beziehung nicht alles unter Kontrolle haben.

Die deutsche Philosophin Hanna Arendt hat in einem ihrer Werke darauf hingewiesen, dass es vermutlich in keiner Beziehung eine hundertprozentige Sicherheit gibt. Der Mensch scheint nicht so beschaffen zu sein, selbst wenn er sich danach sehnt. Mit diesem Rest-Zweifel und Risiko gilt es zu leben. Dennoch findet sie tröstliche Worte: „… dass es *Verlässlichkeit* gibt, auch wenn Gewissheit unmöglich sein sollte."

Die Gewissheit, niemals gekränkt, verlassen oder betrogen zu werden, wird vermutlich ein Wunschtraum bleiben. Gleichwohl ist Verlässlichkeit ein hohes Gut in jeder Beziehung. Je mehr Wege ein Paar findet, emotional für den Partner erreichbar zu sein, desto höher ist die Chance, mit auftauchenden Irritationen und Ängsten besser leben zu können.

Die frohe Botschaft

Nun fragen Sie sich vermutlich: Und was ist die gute Nachricht? Die gute Nachricht lautet: Sie können Energie sparen, wenn Sie diesen Faktor X anerkennen. Der Vorteil besteht darin, dass Sie sich nicht mehr so anstrengen müssen. Sie können sich innerlich zurücklehnen und sich täglich aufs Neue überraschen lassen. Ich habe bisher bei allen Paaren erlebt, dass die Vorstellung, eine Beziehung nachhaltig kontrollieren oder optimieren zu können, an ihre Grenzen stößt. Und wie entlastend es sein kann, nicht mehr so hart an sich und dem Partner zu arbeiten oder gar abzuarbeiten! Sollten Sie der weitverbreiteten Kontroll-Illusion unterliegen, lassen Sie diese los. Es wird immer wieder Phasen geben, in denen Sie sich leidlich durchwurschteln – das ist normal und geht allen so! Je mehr Wege Sie entdecken, Ihr übergroßes Harmonie-, Perfektions- und Kontrollstreben aufzugeben, desto leichter wird es.

Die wahrscheinlichste Lösung für Paare liegt darin, mehr Verständnis füreinander aufzubringen, die Unterschiede auf eine gute Art zu verwalten und auf ihre individuelle Weise damit zurechtzukommen. Man könnte dies als „durchwurschteln“ abqualifizieren, doch wird dies der enormen Leistung eines Paares nicht gerecht, dem es gelingt, mit zuvor als äußerst belastend empfundenen Problemen beziehungsfreundlicher umzugehen. Für das lösungsorientierte Ego mag dies irritierend und sogar kränkend sein, doch die Erfahrung, im Alltag mit dieser ungewohnten Haltung besser zurechtzukommen, entschädigt dafür.

Die meisten Probleme lassen sich mit einer freundlicheren Haltung besser verwalten! Ist der Schritt erst gemacht, Probleme nicht mehr lösen zu müssen, sondern energiesparend verwalten zu dürfen, ist schon viel gewonnen. Die Probleme sind nicht aus der Welt geschafft, sondern die Partner lernen, besser damit umzugehen – und zu leben! Die frohe Botschaft auf den Punkt gebracht:

Sie werden unter Anerkennung des Faktors X und – bei Bedarf – mithilfe einer Paartherapie Ihre Beziehung verbessern und zu mehr Zufriedenheit finden!

Wie das im Alltag aussehen kann, verdeutlicht das Fazit von Hiltrud und Werner, die ich ein Jahr lang begleiten durfte. Über ihr Feedback habe ich mich gefreut, weil ich es als aufrichtig und „alltagsnah“ empfinde:

Wir haben in dieser Zeit viele Momente einer ganz „normalen“ Beziehung miteinander erlebt – schöne, harmonische und weniger schöne, weniger harmonische. Bei letzteren gelingt es uns mal besser, mal schlechter, sie zu entschärfen und den Disput beizulegen. Dabei hilft uns manchmal das Wörtchen „Sonne“, manchmal ein tiefes Durchatmen und manchmal dann doch nur das berühmte „reinigende Gewitter“.

In den Sitzungen mit Ihnen haben wir einiges übereinander erfahren, was wir höchstwahrscheinlich einander allein nie erzählt hätten. Dieses neue Wissen hilft uns oft, das Verhalten des anderen besser einzuordnen und damit den Verdacht des Böswilligen oder Ignoranten selbst ausräumen zu können. Und das nimmt so mancher Situation einen großen Teil der „Schlagkraft".

Wir haben unter Ihrer Moderation so viel Neues erfahren – über uns selbst und über den Partner. Manches fühlte sich mit dem bei Ihnen herausgearbeiteten Kontext gar nicht mehr so schlimm an. Manchmal tat es einfach gut, sich durch Ihre Einschätzung bestätigt zu sehen.

9.8 Versorgen Sie wunde Punkte aus früheren Zeiten selbst

Eine besondere Herausforderung in einer Beziehung besteht darin, alte Wunden zu erkennen und selbst zu versorgen (vgl. Abbildung 9.3). Häufig zeigen sich diese erst, wenn eine Beziehung länger anhält oder schmerzhafte Vorfälle diese reaktivieren. So ist es bei Beatrice und Ove. An ihren Erfahrungen zeigt sich, wie wichtig es ist, Verantwortung für die eigenen Defizite zu übernehmen und respektvoll miteinander umzugehen.

Ove arbeitet viel und die Wünsche von Beatrice nach mehr gemeinsamer Zeit erreichen ihn nicht. Beatrice erlaubt sich einen One-Night-Stand und flüchtet in ihr Hobby. Sie fährt an den Wochenenden mit ihren Freunden zum Klettern. Ove fühlt sich ebenfalls vernachlässigt und beginnt eine Affäre, die bald auffliegt. Erst jetzt bemerken sie, dass sie Gefahr laufen, einander zu verlieren. Gleichzeitig spüren sie, wie viel sie einander bedeuten. Sie möchten ihre Beziehung fortsetzen und auf ein neues Fundament stützen. Im Verlauf der Aufarbeitung ihrer Krise wird deutlich, dass beide schwerwiegende Verletzungen aus Kindheitstagen in sich tragen.

OVE: *Als ich wenige Wochen alt war, wurde ich in einer Krippe abgegeben. Ich habe eine große Angst davor, alleingelassen und zurückgewiesen zu werden. Meine Mutter hat mich weggegeben, als ich zehn Jahre alt war. Ich kam in ein deutsches Landerziehungsheim, eine Art Internat, weit von zu Hause weg. Ich werde nie vergessen, wie meine Mutter mich dort abgegeben hat, sich umdrehte und wegging.*
Ich denke schnell, dass ich schuldig bin und etwas falsch gemacht habe. Ich fühle mich dann einsam und allein, habe das Gefühl, keiner hilft mir. Oft werde ich unruhig und wütend. Eigentlich möchte ich nur in den Arm genommen werden, dann beruhige ich mich. Mein Vater war meist abwesend und hat mich oft für Nichtigkeiten geschlagen.

Beatrice: *Mein Vater ist gegangen, als ich ein Säugling war. Meine Mutter war liebevoll, wir hatten eine enge Bindung. Als ich neun war, ist sie mit einem cholerischen Mann zusammengekommen, der mich oft bloßgestellt hat und später sexuell übergriffig wurde. Meine Mutter sagt, sie habe davon nichts gewusst. Ich glaube ihr das mittlerweile. Sie hat mich um Verzeihung gebeten, das konnte ich annehmen.*

Vorsicht, Projektionsgefahr!

Beatrice und Ove können erkennen, wie die alten Verletzungen in ihre Beziehung hineinwirken. Sie verstehen, wie wichtig es ist, offen über ihre Wünsche und Ängste zu sprechen. Es wird immer klarer, wie sehr sie sich wünschen, dass der andere ihnen etwas von dem Schmerz ihrer Kindheit abnimmt. Gleichzeitig wissen sie, dass dies nur begrenzt möglich ist und sich jeder selbst um die Versorgung seiner frühen Verletzungen kümmern muss.

Beatrice: *Wenn Ove mich bittet, ihn in den Arm zu nehmen, wenn er wütend ist, ist das extrem problematisch. Er erinnert mich dann schnell an meinen Stiefvater. Ich spüre die gleiche Angst wie früher. Gleichzeitig weiß ich, dass er in Not ist, und manchmal kann ich ihn sogar trösten.*

Ove: *Dann fühle ich mich geborgen und habe Vertrauen.*

Beatrice: *Ich muss aber klar sagen, dass ich nicht für diese Verletzungen zuständig bin! Ich kann und will ihn da nicht immer beruhigen. Das überfordert mich. Ove wird schnell trampelig und laut, wenn er verunsichert oder gestresst ist. Das triggert die schlechten Erfahrungen mit meinem Stiefvater.*
Wir haben beide eine Therapie gemacht und wissen, dass wir dann Sachen aufeinander projizieren. Dennoch ist es extrem schwierig, das zu regulieren. Es gibt Situationen, da möchte Ove, dass ich ihm bei Dingen helfe. Doch das passt nicht immer. Er ist dann extrem gekränkt, weil er sich wie früher alleingelassen und überfordert fühlt.

Ove: *Mittlerweile weiß ich darum.*

Beatrice: *Ich brauche in unserer Beziehung Raum für meine Gefühle. Ich bin wahrlich keine Heulsuse, aber manchmal benötige ich Trost und Zuspruch. Da sind wir uns ähnlich.*

Ove: *Ja, wir brauchen beide viel Zuwendung und Bestätigung, die wir früher kaum hatten.*

Beatrice: *Aber manchmal ist man nicht in der Verfassung oder selbst unter Stress, dann wird es schwierig, weil jeder damit alleine klarkommen muss.*

Rituale können helfen

Beatrice und Ove üben, sich selbst zu regulieren, indem sie sich bewusst zurückziehen und mit den verletzten Kindern in sich selbst sprechen. Einfache Rituale unterstützen sie.

BEATRICE: *Manchmal lege ich mich hin und umarme mich selbst. Dann singe ich ein beruhigendes Kinderlied für mich selbst. Ich stelle mir vor, wie die kleine Bea von ihrer Ur-Großmutter getröstet wird. Ich fantasiere mir einen starken Vater dazu. Wer das ist, möchte ich für mich behalten. Dann spüre ich, dass ich nicht alleine bin, und fühle mich sicher und beschützt.*

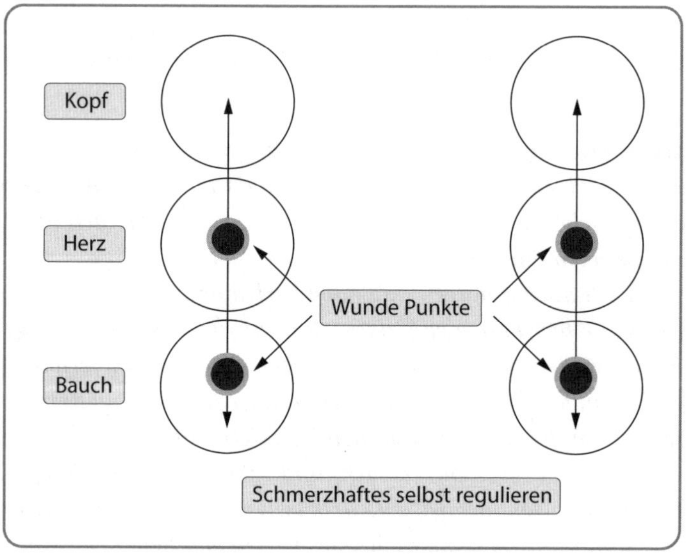

Abbildung 9.3: Vertikale Ebene und wunde Punkte

OVE: *Ich gehe bewusst eine Runde ums Haus, muss mich bewegen. Oft setze ich Kopfhörer auf und höre Musik, die mich beruhigt. Das kann sogar Heavy Metal sein. Ich spüre dann eine Stärke in mir und rufe mir eine innere Stimme wach, die mir klar sagt, dass ich nichts falsch gemacht habe. Ich kann nichts dafür, was früher geschehen ist. Fast immer werde ich dann innerlich weicher und spüre meine Sehnsucht nach Nähe.*

Mittlerweile habe ich verstanden, dass ich es aushalten muss, wenn Beatrice grad nicht da ist oder für mich da sein möchte. Da bin ich in einem Prozess. Ich begreife allmählich, dass das keine Ablehnung meiner Person ist, wie es das Kind in mir erlebt hat. Damit geht es mir deutlich besser.

Sich als Paar zum Guten ändern

Beatrice und Ove befinden sich auf einem guten Weg. Sie sind dabei, an sich zu arbeiten. Es ist deutlich zu spüren, wie ihre Beziehung davon profitiert. Indem sie Verantwortung für die Verletzungen aus ihren Ursprungsfamilien übernehmen, verändern sie sich als Paar und entdecken neue Umgangsformen. Beide bestätigen dies:

OVE: *Wir finden es im Moment schön, dass der andere da ist, und geben uns viele kleine Gesten, die ankommen.*

BEATRICE: *Mein Mann fragt, ob wir etwas zusammen machen wollen. Wir nehmen uns abends Zeit, um gemeinsam zu kochen.*

OVE: *Sie ist fürsorglich und unterstützt mich bei Aufgaben, die ich sonst alleine gemacht habe.*

BEATRICE: *Er ist entspannter und zärtlicher zu mir, schaut mich liebevoll an. Bei den Ausflügen wartet er auf mich, lässt mir Zeit und ist an meiner Seite. Früher konnte es ihm nicht schnell genug gehen. So tut es mir gut. Er ist fließender und ich komme mehr in Fluss. Das ist ein schönes warmes Gefühl, weil ich meine Hab-Acht-Stellung loslassen und offen sein kann.*

OVE: *Ja, das ist so, ich komme auch mehr in Bewegung. Es wäre schön, wenn wir eine Art Halteseil hätten, um das beibehalten zu können.*

BEATRICE: *Wichtig ist die Art und Weise, wie wir kommunizieren. Grad ist da mehr Wertschätzung. Der Ton macht die Musik. Früher habe ich mich schnell zurückgezogen, wenn er aufdrehte. Jetzt kann ich es besser einordnen und verstehe, dass er unter Druck steht.*

OVE: *Das habe ich jetzt verstanden. Manchmal sage ich direkt, dass ich erst mal runterfahren muss, um beziehungskompatibel zu sein. Sie kann mir das mittlerweile lassen und empfindet es weniger als Zurückweisung.*

BEATRICE: *Das stimmt, früher habe ich Angst bekommen und bin weggegangen, habe mich abgelehnt gefühlt.*

OVE: *Früher habe ich ihren Rückzug als Alleingelassen-Werden empfunden und bin eine Zeit lang hinter ihr hergelaufen. Ich habe um Zuwendung gebettelt. Das war nicht gut. Später bin ich dann aus dem Haus gegangen und habe mir bei Freunden Geborgenheit geholt, aber das ist nicht das Gleiche. Jetzt passen wir besser auf und pflegen unsere Zweisamkeit. Wir sprechen über unsere Ängste und Wünsche.*

Beide sind von dieser Entwicklung überrascht und freuen sich darüber. Auch wenn sie unsicher sind, ob diese Veränderungen tragen, kommen sie zu der Erkenntnis:

Aus dieser Sensibilität besteht das neue Fundament unserer Beziehung.

Kurs halten

Ich bin für das vernachlässigte Kind in mir da!
Wie gute Eltern
gehe ich fürsorglich und liebevoll mit meinen
alten Verletzungen um!

Nachwort

Nehmen Sie's leicht – auch wenn es schwerfällt!

Treffen sich zwei befreundete Paare auf der Straße: „Na, wie geht's? Wo wollt ihr denn hin?" – „Wir haben gleich einen Termin beim Paartherapeuten. Nichts Ernstes, nur mal wieder alles durchchecken lassen."

Da die guten Tipps von Freunden oder die Lektüre eines Ratgebers oft nicht ausreichen, denken immer mehr Paare über eine professionelle Begleitung nach. Eine Paartherapie in Anspruch zu nehmen ist heute nichts Besonderes. Sogar das frühere First Couple der USA, Michelle und Barack Obama, gönnte sich die Hilfe eines Paartherapeuten.

Für ein Paar ist es entlastend, einen Raum außerhalb der Zweisamkeit zu haben, in dem schwierige Beziehungsthemen besprochen werden können. In der Regel hat man sich die störenden Themen nicht vorher ausgesucht. Sie haben sich einfach im Laufe der Zeit eingestellt. Gemeinsam mit dem Paartherapeuten kann die Spurensuche nach den Kränkungen, den Ängsten, Sehnsüchten und wesentlichen Bedürfnissen beginnen.

Ich hoffe, dieses Buch hat dazu beigetragen, besser zu verstehen, wie die Frustration von Bindungsbedürfnissen und die Reaktion auf deren Nichterfüllung (!) Probleme bereiten. Daraus entwickeln sich vielfältige Themen: Negative Kommunikationsmuster, Entwertungen und Missverständnisse, Untreue und Fremdgehen, Eifersucht und Kontrollzwänge, sexuelle Unzufriedenheit, Unsicherheiten in der Geschlechtsidentität, Trennungswünsche, eskalierende Streitigkeiten ohne Lösung.

Jede Partnerschaft durchläuft unterschiedliche Phasen. Es gibt Abschnitte, da läuft es problemlos. Man verbringt gern Zeit miteinander und öffnet sich neuen Erfahrungen. Dann gibt es Zeiten, in denen Konflikte und Trennendes im Vordergrund stehen. Die Balance von Nähe und Distanz bereitet Probleme und das Verhältnis von Geben und Nehmen stimmt nicht mehr. Frustration, Kränkungen und Aggression beherrschen die Kommunikation. Es gibt entgegengesetzte Vorstellungen über die Sexualität, die Erziehung der Kinder oder das, was sich die Partner von ihrer Beziehung erhoffen.

Eine Beziehung zu wählen bedeutet, sich nach nicht selbst gewählten Regeln zu verändern. Meiner Erfahrung nach wirken oft – wenngleich nicht immer – ungelöste Konflikte der Vergangenheit in die Beziehungsprobleme hinein. Jeder trägt einen mehr oder weniger großen Rucksack mit „Altlasten“ aus der Ursprungsfamilie, früheren Beziehungen oder dem aktuellen Partner mit sich herum. Der Wunsch, der Partner möge sich an der Lösung beteiligen und unerfüllte Sehnsüchte befriedigen, schwingt mit.

Die Strategie des „Durchwurschtelns“ kommt an ihre Grenzen, insbesondere dann, wenn „nebenher“ der Alltag zu bewältigen ist. Eine Beziehung zu führen ist ein anspruchsvolles Projekt mit zahlreichen Baustellen, die früher oder später an Bedeutung gewinnen.

Gemeinsam mit einem Außenstehenden die Dynamik des Beziehungserlebens und die störenden Muster der Interaktion zu verstehen und bestenfalls aufzulösen – oder durch freundlichere zu ersetzen – entlastet. In der Folge fällt es leichter, stimmige Ziele zu definieren und Anregungen aufzunehmen, wie man an sich und seiner Beziehung arbeiten kann.

Kurs halten

Jedes Paar verfügt über Stärken,
die in einer Krise leicht in den Hintergrund treten!
Es ist wichtig, diese wieder in den Blick zu nehmen.
Und sich in Erinnerung zu rufen, was man aneinander schätzt!

Eine Paartherapie ist sinnvoll, wenn Konflikte anhalten und in der Partnerschaft nicht mehr befriedigend gelöst werden können. Ein Paartherapeut bemüht sich darum, beide Partner angemessen zu verstehen und allparteilich zu sein. Hat ein Paar Kinder, versucht er darüber hinaus mit deren Augen zu sehen. Denn bei anhaltenden Konflikten leiden nicht nur die Partner, sondern auch die Kinder. Gemeinsam können dann die Dynamik und die Interaktionsmuster aufgegriffen und bearbeitet werden. So erhalten Sie Anregungen, wie Sie an sich und Ihrer Beziehung arbeiten können.

Eine Beziehung ist wie ein Garten. Er bedarf der Pflege, damit etwas wachsen kann. Und in eine Beziehungskiste muss man etwas Gutes hineintun, wenn man etwas Gutes entnehmen möchte. Nur so kann auf Dauer das sensible Projekt Partnerschaft gedeihen und Ertrag bringen. Erst dann wird eine Beziehung zum sicheren Hafen, der Schutz und Geborgenheit bietet.

Was tun?

- Sie kommen als Paar gut mit Ihren Problemen zurecht? – Prima! Freuen Sie sich darüber und machen Sie weiter so!
- Freunde, Familie und Bekannte unterstützen Sie und sind hilfreich? – Prima! Freuen Sie sich darüber und machen Sie weiter so!
- Sie lesen geeignete Ratgeber und betrachten Lehrvideos, die Ihnen zeigen, wie man ein gutes Paar wird und bleibt? Sie profitieren davon und verfügen dadurch über ausreichende Bordmittel? – Prima! Freuen Sie sich darüber und machen Sie weiter so!
- Sie wurschteln sich so durch und kommen irgendwie klar, sind aber unzufrieden? – Diesen Umstand sollten Sie ernst nehmen und über eine Beratung nachdenken!
- Es ist etwas Unvorhergesehenes geschehen? Ein Ereignis hat Sie aus der Bahn geworfen? – Denken Sie über eine Beratung nach oder wenden Sie sich an einen Paartherapeuten!
- Sie sind schon länger zutiefst unzufrieden mit Ihrer Beziehung? Konflikte eskalieren und können nicht mehr gelöst bzw. in Ruhe angesprochen werden? Trennungsgedanken oder depressive Verstimmungen, Ängste oder körperliches Unbehagen nehmen Oberhand? – Wenden Sie sich an einen Paartherapeuten!

Über den Autor

Thomas Prünte, geboren 1958 in Unna / Westfalen, ist Dipl.-Psychologe und seit über 30 Jahren in eigener psychotherapeutischer Praxis in Hamburg tätig. Er arbeitet als Paar-Therapeut (EFT) sowie als Dozent an diversen Ausbildungsinstituten (DFT, WAP, DPA, ZAP, Osterberg-Institut). Als Autor hat er sich ausführlich mit der Frage befasst, wie Menschen sinnerfüllt leben und lieben können. Er hat zahlreiche Bücher über den konstruktiven Umgang mit Gefühlen, Belastungen und Krisensituationen sowie therapeutische Interventionsangebote veröffentlicht.

Der Autor hat passend zum Thema des Buches ein Lied komponiert: „Du bist mein Heimathafen!" Eine Cover-Version hat die Hamburger Sängerin feli (Karla Feles) „op Platt" eingesungen: „Du büst mien Heimathaaben". Beide Aufnahmen finden Sie auf Spotify und Youtube.

Hausapotheke für die Seele

Guy Winch

Emotionale Erste Hilfe

Wie wir mit seelischen Verwundungen im Alltag umgehen können

Auf ein aufgeschlagenes Knie kleben wir ein Pflaster. Was aber unternehmen wir, um die seelischen Verletzungen zu behandeln, die wir im Alltag erleiden? Gleich zum Therapeuten zu gehen ist nicht immer sinnvoll, denn viele seelische Verletzungen sind nicht so schwer, dass sie professionelle Hilfe erfordern.

Dieses Buch ist eine Hausapotheke für die kleineren seelischen Verletzungen, die wir uns im täglichen Leben holen. Guy Winch führt Sie Schritt für Schritt in die Behandlung der häufigsten psychischen Verwundungen ein: Zurückweisung, Einsamkeit, Verlust, Schuldgefühle, Grübeln, Scheitern und ein geringes Selbstwertgefühl – hier lernen Sie, wie Sie mit emotionalen Wunden wirksam umgehen und so zu mehr Resilienz und Selbstvertrauen finden.

240 Seiten, kart. • € (D) 20,00 • ISBN 978-3-95571-485-7
Auch als E-Book erhältlich.

Guy Winch, Ph.D. ist als Psychotherapeut in eigener Praxis tätig. Er ist sehr erfolgreich als Vortragsredner, u. a. für die Organisation TED.

Shopvorteile

- Kostenloser Versand – weltweit!
- Kein Mindestbestellwert.
- Lieferung innerhalb von 1–2 Tagen.
- Zahlung per Rechnung oder PayPal.

www.junfermann.de

E-Book inside

Mit dem Kauf dieses Buchs erhalten Sie das zugehörige E-Book gratis. Sie können dabei aus drei Dateiformaten wählen: EPUB (gängiges Format für E-Reader und Tablets), PDF (für PC und Laptop) oder MOBI (für den Amazon Kindle). So kommen Sie an Ihr kostenloses E-Book:

Rufen Sie im Internet diese Website auf:
↗ http://www.junfermann.de/ebook-inside

Geben Sie den unten stehenden Code in das dafür vorgesehene Feld ein und klicken Sie → Code einlösen. Nach Eingabe Ihrer E-Mail-Adresse und Auswahl des E-Book-Formats erhalten Sie sofort einen Download-Link für das gewünschte E-Book an Ihre E-Mail-Adresse.

Bitte beachten Sie, dass der Code für Sie personalisiert wird und nur einmal gültig ist. Die Datei müssen Sie zunächst auf Ihrem Computer speichern, bevor Sie sie auf ein mobiles Endgerät überspielen können.

JV167AJ6